Emanuel Korff

Korffs Weltreise

I. Band: Amerika

Emanuel Korff

Korffs Weltreise
I. Band: Amerika

ISBN/EAN: 9783743477667

Hergestellt in Europa, USA, Kanada, Australien, Japan

Cover: Foto ©Andreas Hilbeck / pixelio.de

Weitere Bücher finden Sie auf **www.hansebooks.com**

Korff's Weltreise.

～～～～～

I. Band: Amerika.

～～～～～

Berlin SW.
Deutsches Druck- und Verlagshaus
(Gesellschaft mit beschränkter Haftung).

Inhalt.

Die zu erwartende Welt=Ausstellung in Chicago
hatte infolge der in Scene gesetzten echt
amerikanischen Reklame seit einem Jahre
bereits alle Gemüter der Reiselustigen in Spannung
versetzt und mich selbst dazu gedrängt, meine Lektüre der
neuen Welt zuzuwenden, und so erweckten denn Vor=
stellungen, Neugier und eine Art Herdendrang des
fin de siècle immer mehr den lebhaften Wunsch in mir,
noch vor den letzten Abendstunden meines Lebens einen
Blick auf diese so wunderbaren Verhältnisse zu werfen.

Die Kürze des Lebens hat zu allen Zeiten mich
davor behütet, auf dem einmal betretenen Wege wieder
zurückzukehren, und so entschloß ich mich, die vielen Irr=
fahrten meines Daseins mit einer Fahrt rund um die
Erde abzuschließen.

Es ist ja über Amerika seit Jahrhunderten schon
so viel Lehrreiches, Unterhaltendes und Gutes von
Weltreisenden geschrieben worden, daß es wahrlich durch=
aus nicht nötig ist, diese reiche Litteratur noch um ein
neues Werk zu vermehren, und noch dazu von Jeman=
dem, der durchaus nicht den Beruf hat, sich als Schrift=
steller hinzustellen; andererseits aber erachte ich es für
unverantwortlich, in der Welt so viel Schönes, Neues
und Interessantes zu sehen, ohne sich nicht selbst Rechen=

schaft darüber zu geben und auch seinen Angehörigen,
von denen man sich so viele Monate trennt, Eindrücke
mitzubringen, die ihnen gleichsam als Dank und Ent=
schädigung zubedacht sind.

Es ist merkwürdig, aus welchen zufälligen Anlässen
oft im Leben sich der Entschluß zur That oder zum Wunsch
entwickelt! Erzählungen des Generals v. Rheinbaben,
eines lieben Tischnachbars Anfang der fünfziger Jahre,
von einer Nordlandfahrt trieben mich fünfmal nach dem
Norden bis zum Kap. Familienbeziehungen ließen mich
fünfmal Rußland von Abo bis Tiflis und Thorn bis
Semipalatinsk in Sibirien durchkreuzen. Ein Bild von
Gumalacaragui über meinem Kinderbett und Erzählungen
des alten Baron v. Rhaden zogen mich ein halbes
Dutzend mal durch Spanien — und vierzehn große
Reisen durch den Orient sind mir bis zur Stunde immer
nur neue Anregung geworden zu weiterem Studium
und zu neuen Plänen. Ich war jung, leichtlebig, gesund,
setzte mich auf und flog davon. Jetzt muß ich wohl alt
und bedächtig geworden sein, denn seit sechs Monaten
habe ich zu dieser jetzigen Reise Vorarbeiten gemacht,
Alles erwogen, Alles, was möglich war, gelesen und
bin doch kaum fertig damit geworden! Allein schon
wenn man auf ein Jahr sein Haus im Voraus bestellt,
erfordert das so viel kleine Einrichtungen vom Motten=
schutz bis zum Testament, militärische, polizeiliche, Steuer=
und Wirtschaftsangelegenheiten, daß ich fast erstaunt bin,
dennoch damit abgeschlossen zu haben! Zu all' dieser
Mühsal kommt noch die Sorge für gesicherte Auf=
bewahrung von ein paar Sammlungen und Wertobjekten
und schließlich die Finanzierung des Unternehmens, d. h.
die Sicherstellung von Kreditbriefen und Legitimationen
über die ganze Weltroute.

Bis zum letzten Augenblick war ich mit all diesen

Sachen in Atem erhalten und hatte endlich auch in Abschiedsbesuchen und Korrespondenzen sogar die üblichen Geburtstags= und Weihnachtsgeschenke für diese Zeit angeordnet. Ein großer Koffer mit Winter= und Reserve= sachen, ein Schiffskoffer für die Kabine nebst Handtasche, auch ein Schiffsstuhl waren bereit gestellt. Endlich erschien der Tag der Abfahrt.

Am 18. Mai 1893, mittags, setzte sich der Blitzzug vom Bahnhof Friedrichstraße in Berlin in Bewegung, und mit Recht kann man sagen: „Nur in Bewegung liegt die Ruhe", denn alle kleinen häuslichen Sorgen und persönlichen Verpflichtungen ließen nun erst hoffnungs= reich den Blick weit voraus werfen, und durch die Stimme der Civilisation, d. h. durch den Pfiff der Lokomotive, löste sich die Seele aus dem Chaos des Alltags=Daseins und trat in Berührung mit dem Ge= triebe der großen Welt.

Als sollte mir der Abschied von Berlin noch ganz besonders schwer gemacht werden, strahlte die Hauptstadt in Sonnenglanz und Pracht. Zwar strotzten die Zeitungen von übeln Wahlaufrufen aller Art, Militärmusik und Schutzleute aber schienen davon nicht viel zu wissen. — Wie mag das Alles aussehen in Jahr und Tag bei der Rückkehr? Mit 65 Kilometer=Geschwindigkeit sauste der Blitzzug über Stendal nach Hannover, wo mein lieber Bruder mit Familie mir noch den Abschiedsgruß gab. In

Bremen

fing die Sache schon mehr an nach Weltreise auszusehen. Es fand sich eine große Zahl Fremder ein, die nicht müde wurden, immer dieselben Informationen über die Seefahrt einzuziehen, und in Karten, Briefen und Depeschen ihren Hinterlassenen nach allen Richtungen hin Lebewohl zuriefen.

Im neu montirten „Hotel Europe" war man übrigens vortrefflich aufgehoben. Ein soeben angekommener Amerikaner meinte, daß es in ganz Amerika nicht ein so vornehmes Hotel und so höfliche Bedienung gäbe, sprach sich sehr wegwerfend über die Ausstellung von Chicago aus und konnte gar nicht begreifen, wie man auf den Einfall kommen könnte, nach Amerika zum Vergnügen zu reisen, wenn man ruhig in Europa bleiben könnte! Dazu hatte der heiße Tag ein Gewitter gezeigt, das über Bremen tobte, als ob die Welt untergehen sollte — vielleicht nur um die Luftreisenden zu warnen!

19. Mai. Schon früh holt man Bagage, fragt unaufhörlich, sieht sehr trinkgeldbedürftig aus, verspricht Sachen, die man gar nicht haben will und macht sich sehr wichtig. Der Tag ist noch dem Anblick von Bremen gewidmet, und von artigen Reisenden werden Kirchen, Anlagen und der Ratskeller besucht, sogar von dem berühmten alten Wein wird sub rosa getrunken, der aber wie Medizin schmeckt und leicht die Ursache der Seekrankheit werden könnte. Bremen war mir nicht neu, ich würde deshalb nicht ohne besonderen Anlaß dahin fahren. Von lieben Freunden liefen noch zahlreiche Glückwünsche zur Reise ein. Die liebsten alten treuen Gefährten früherer Fahrten hatten mich eigentlich bis zum Schiff bringen wollen. Es zeigte sich aber, wie gut diesem letzten Tage Ruhe zugeteilt war. Um aber nicht undankbar zu sein, lebte ich den Tag im Geist meiner Freunde und versäumte auch den Besuch des hiesigen Museums, weil die Aufforderung dazu sonst ihnen immer schwere Seufzer erpreßt hatte.

Mit der letzten Korrespondenz schloß man eine Menge von Gedanken ab, die für eine Weltreise doch nur Ballast gewesen wären; selbst der letzte Traum auf heimatlichem Boden trug die Phantasie ins Land der großen Dimensionen, und willig folgt der Körper nach.

20. Mai. In früher Morgenstunde hatte trübes Wetter noch die Amerikafahrer in Veitstänze versetzt, um aus den Handgepäcken noch rechtzeitig Waterproofs und Regenschirme zu erwischen. Ein Extrazug des Norddeutschen Lloyd brachte uns nach Bremerhafen und von dort ein kleiner Dampfer auf die schöne „Ems".

Gepäck= und Platzfrage war am Tage vorher schon geregelt, so daß die Einschiffung mit bewunderungs= würdiger Schnelligkeit und Ruhe sich vollzog. Mein in Berlin für diese Fahrt besorgter Kabinekoffer erwies sich, um zwei Centimeter höher als der Raum, welcher ihm unter dem Bett angewiesen war, und beinahe wäre ich dadurch in arge Verlegenheit geraten, da er alle not= wendigen Gegenstände für den täglichen Gebrauch ent= hielt. Diese Pein wurde aber glücklicherweise abgewendet, da meine Kabine für vier Plätze nur mit zwei Passa= gieren besetzt war. Dieser Reisegefährte war ein sehr liebenswürdiger Herr, Namens Dr. Morff, Stabsarzt en retraite, dessen Gesellschaft viel dazu beitrug, mir den Gang um die Welt angenehm zu machen.

Das schöne Schiff, wie alle atlantischen Dampfer des Norddeutschen Lloyd, glitt wie auf Butter dahin, belästigte die Passagiere weder durch laute Maschine noch durch Rauch, war überaus elegant, sauber und in der Platzeinteilung so praktisch eingerichtet, daß man z. B. vom ersten Platz aus kaum eine Ahnung hatte, daß gegen 600 Auswanderer, meist polnische Juden, sich darauf befanden.

Gegen 100 Kajüten=Passagiere verkrümelten sich so,

daß das Schiff leer erschien. Zu den Mahlzeiten aber: um 8 Uhr zum Breakfast, 1 Uhr zum Lunch und 8 Uhr zum Diner zählte der Kapitän seine ihm anvertrauten Seefahrer und sah sie gut ernährt und sehr aufmerksam bedient. Es herrschte allenthalben Befriedigung und Zufriedenheit.

Um 1 Uhr hatte die „Ems“ sich in Bewegung gesetzt. Aus der Richtung von Wilhelmshaven ertönte Kanonendonner zu Ehren des von der Feier der silbernen Hochzeit des italienischen Herrscherpaares zurückgekehrten Kriegspanzers „Leipzig“. Wahrscheinlich um Leipzig zu ehren, gab es auf der „Ems“ ganz dünnen Kaffee, was aber in Anbetracht der großen Weltreise dem Lokalpatriotismus keinen Eintrag that.

Die Wesermündung ist eminent breit, und von Bremerhaven fährt man eine Stunde, bis man die Nordsee erreicht, dann versinken die Ufer am Horizont. Eine kühle Brise trieb die Reisenden in die Salons, und wie der letzte Blick dem heimatlichen Boden galt, reihten sich noch lange Gedanken und Gedenken an die zurückgelassenen Lieben, in der Hoffnung, daß auf halbem Wege sich Mancher Gedenken begegnen möge.

Im herrlichsten Abendlicht fuhren wir an etwa 50 Segeln von Fischern aus Borkum, Bangeroog und Norderney vorüber, dann erglänzten bald blendende Leuchtfeuer in wechselnden Farben; der schmale Weg durch den Kanal mahnte zur Vorsicht. Die Wachen wurden verdoppelt, das Nebelhorn trat in seine Rechte, und an vielen Punkten erweckte der Lichtschein liebe Erinnerungen mit dem Blick auf Amsterdam, Scheveningen, Vlissingen und Ostende.

Mit anbrechendem Morgen schienen sich zahlreiche Schiffe hier ein Rendezvous gegeben zu haben; doch nein! Selten wird ein Signal gewechselt, Alles zieht dem eigenen Ziel in Eile zu. Von jedem Schiff ist etwas Besonderes zu sagen. Man kennt sich auf See, wie man sich zu Lande kennt. Mit einer gewissen Schadenfreude weiß man diesen oder jenen Fehltritt von der „Henriette" oder dem kleinen Malheur von irgend einem anderen Schiff zu erzählen, ohne daran zu denken, wie leicht dem eigenen Schiff auch was Gleiches widerfahren könnte. Vor wenig Stunden fuhren wir über die Stelle, wo die „Cimbria" scheiterte, mit der auch die Indianer umkamen, die durch ganz Deutschland Schaustellungen gegeben hatten. Beim Uebeln denkt man an sich immer zuletzt!

Sonntag, 21. Mai. Das fröhliche Pfingstfest war gekommen. Es war nicht bloß ein gewöhnlicher Sonntag, das hätte man schon beim Grauen des Tages merken können, denn die blanke „Ems" wurde in einer Weise gescheuert, als ob man mit Gewalt durch die Planken durch wollte! Auch die Oelfarbe roch wieder frischer, und selbst die fanatischsten globe trotters hatten weiße Wäsche angelegt. Engländer lasen schon früh in frommen Büchern, machten wichtige vorwurfsvolle Mienen und suchten das Badezimmer auf, um dort ungesehen die erbaulichsten Cognacs zu sich zu nehmen. Ein Unglücksmensch, der nach dem Frühstück auf dem Steinway in ein paar Takten „Das Meer weit hinaus erglänzen" lassen wollte, wurde fast gelyncht und von dem weiblichen Teil der Bewohner der grünen Insel wie ein Aussätziger gemieden. Beim Frühstück hatte es sehr reichlich süße Speisen gegeben — kurz, es war Pfingstfest. In dem Teil des Schiffes, worin sich, wie gesagt, etwa 600 Polen als Zwischendeckpassagiere bewegten, war das Fest in gewohnter Weise begangen worden. Nach großer Wäsche, die oft ziemlich zwanglos vor sich ging, erstanden Männlein und Weiblein im schönsten

Sonntagsstaat: das schöne Geschlecht, ohne jedoch zu viel Nachdruck auf diese Bezeichnung zu legen, in den hellsten Farben und schreiendster Zusammenstellung. Birkenzweige schmückten die Wanten, und trotz alles Verbotes war immer wieder der Boden mit grünen Blättern bestreut. Zum Entsetzen einiger Ostentationsfrömmler, welche wohl der Meinung waren, die Andacht allein gepachtet zu haben, konnte eine slavische Ziehharmonika nicht beruhigt werden, und die fröhliche Feier von Pfingsten mußte so in den Notizbüchern als nationale Eigentümlichkeit angemerkt werden.

Alles wurde nun wieder bekannter; jedes Schiff hatte auch mich im Laufe der Jahre hin- und hergetragen.

Die malerischen Kreidefelsen von Dover, Folkestone machten den rundlichen, bewaldeten Küsten der Insel Wight Platz; Newport, Brighton, Hastings, St. Leonard, jedes alte Kastell, jede neue Bucht waren liebe Bekannte. Chichester Goodwood schien zu fragen, ob ich denn in diesem Jahre nicht die Rennen besuchen würde? „Ich will um die Welt," winkte ich beruhigend, „und komme hoffentlich das andere Jahr!"

Wie leichtsinnig ist es doch, so vom anderen Jahr zu reden — nicht bloß in meinem Alter, sondern auch in den zugespitzten Verhältnissen, die eine sichere Voraussicht kaum von einem Tag zum andern zulassen — uff! nous verrons!

Im Jahre 1889 wohnte ich der großen Flotten-Revue bei Cowes bei; als wir nun heute in dies klassische Wasserbecken zwischen Portsmouth und der Insel Wight einliefen, erschien es mir verlassen und leer gegen den imposanten Anblick von damals. 114 englische Kriegsschiffe lagen damals in drei Treffen, auf den Flügeln von den kolossalen Seeforts flankirt. Im erſten Treffen ſtarrten 50 eiſerne Feſtungen in den phantaſtiſchſten Formen, von denen kaum eine an die Geſtalt eines Schiffes erinnerte. Das zweite Treffen zeigte ſchon mehr Marineformen und im dritten ſpielten die Wellen mit 14 Torpedobooten. Die ſchwerſten Kaliber, wo man nur hinſah! In den Maſten ein unaufhörliches Spiel von Flaggen, die Befehle bedeuteten und eine lautloſe, lebhafte Unterhaltung vermittelten. Kriegsſchiffsdeputationen aller Nationen wurden mit dem üblichen Kanonendonner begrüßt und auf den Ehrenplatz am rechten Flügel verwieſen, wo auch vier deutſche Kriegsſchiffe Platz gefunden hatten, die, wie es mir ſchien, neben den ſchwimmenden Feſtungen des erſten Treffens ziemlich kümmerlich ausſahen. Allerhand große Dampfer umgaben im weiten Kreis dies impoſante Kriegsgerüſt, und die ganze Waſſerfläche ſchien bedeckt mit Perſonendampfern, Privatjachten, Booten jeder Form und Art. Unvergeßlich wird mir der gewaltige Eindruck ſein, der ſich meiner Seele einprägte!

Heute ſah der Solent friedlicher aus; in friſchem Frühlingsgrün und Sonnenſchein lachte uns die Nordküſte der Inſel Wight grüßend entgegen; da lagen noch die alten Schlöſſer des Herzogs von Bedford und Osborne der Königin; die Bucht von Cowes ſchien alle Luſtfahrzeuge des geſamten Waſſerſports von AltEngland zu enthalten! Die heilige Pfingſtfeier geſtattete aber nicht, ſich dem Vergnügen zu überlaſſen, und daher hatten, trotz der hübſchen Briſe, heute die Segel Ruhe. Um 6 Uhr wurde es auf der „Ems“ ſehr lebendig. Wir liefen Southampton an. Einige wenige Paſſagiere verließen das Schiff und etwa 60 neue kamen zu uns. Auch ſie wurden mit Muſik empfangen, ſchienen mit Befriedigung Diner und Tafelmuſik zu würdigen, sahen sich, wie wir selbst am ersten Tage, kritisch prüfend unter den Reisegefährten um, drückten dem Verkehr aber schon deutlicher den amerikanischen Stempel auf. Bisher hatten englische und amerikanische Reisende doch wenigstens den Versuch gemacht, sich deutsch auszudrücken, nunmehr aber wurde es nötig, daß wir Deutsche mit unserm Vorrat an Englischem in Thätigkeit traten. Auch regelten sich nun die Kabinen= verhältnisse, indem ich meine große, für vier Personen, für mich allein in Besitz nahm.

Wie man das oft bemerken wird, findet auf Dampf= schiffen das Diner meistens zu der Zeit statt, wenn man an den schönsten Umgebungen vorüberfährt, und so mußte ich das seitliche Mahl heute auch unterbrechen, um die berühmten Nedels nicht zu versäumen. An der Westspitze der Insel Wight ragen aus dem Wasser noch ein paar Kreidefelsen hervor, mit denen man von Europa Abschied nimmt. Der Leuchtturm, den der letzte trägt, begrüßt die Rückkehr aus der neuen Welt. Hier wird der englische Lotse abgesetzt respektive auf= genommen — von hier beginnt die Amerikafahrt. Wenn man hört, daß dies Schiff 6 Tage 23 Stunden, ein anderes 7 Tage 14 Stunden nach Amerika gefahren ist, so gilt das stets von den Nedels bis zu dem Augen= blick, wo man das Leuchtfeuer von Newfoundland zu Gesicht bekommt.

Um 10 Uhr schwanden die letzten Lichter von Cap Lizzard, dann der Scillyinseln, und mächtigere Be= wegungen des Schiffes sagten uns, daß wir uns nun im atlantischen Ocean befinden. Wenn Alles gut geht, können wir in 8 Tagen in New-York sein — Gott gebe es!

Montag, 22. Mai. Die Nedels, die Nedels! Dies kleine Stückchen Kreide hält man in Gedanken jeſt — es wird, iſt und bleibt die Heimat und immer aufs Neue zuckt die Nadel und führt die Erinnerung zu den Lieben in der Heimat zurück. Wie viele Thränen mögen ſtille hier noch bei dem Abſchied auf Nimmerwiederſehen gefloſſen ſein, denn die Hoffnung gebrochener Exiſtenzen auf die neue Welt mag ſich hier doch noch ſehr nebelhaft geſtalten!

In unſerer Stadt paſſiren eine Menge Sachen. Ein Heizer hat einen anderen Heizer erſtochen, eine Mutter hat ein zweijähriges Kind verloren und nachdem ſie ſich darin ergeben, es ſei ins Waſſer gefallen, wird es im Hinterzwiſchendeck wohlbehalten wiedergefunden. Unſer Schiffsarzt war derſelbe wie im vorigen Jahr auf der „Eider", die bei den Nebels ſcheiterte, er hat zwei Jahre die Linie Shanghay—Francisko befahren, giebt uns wertvolle Informationen und wir verabredeten Unterricht im pitchen english als Vorbereitung unſerer Studien in China. Eine unglückliche Jungfrau ge= berdet ſich ſehr ratlos, da, wie ſie ſagt, ihr Angehöriger, mit dem ſie nur die Reiſe machen konnte, ſie in South= ampton im Stich gelaſſen habe. Der Doktor hat gar kein Mitgefühl. Er meint, dergleichen käme in den beſten Familien vor.

Heute iſt der zweite Pfingſtfeiertag — für mich nur Waſſer und Himmel! In Berlin bleiben nur Greiſe und Einbrecher zu Haus; alles Andere macht Landpartien ins Grüne. Möchte dort doch derſelbe Sonnenſchein ſein wie hier, und alle Berliner meiner ſo freundlich gedenken wie ich ihrer!

Heute zeigt ſich ſchon der Einfluß der neuen Lebens= weiſe, der nicht ganz milden Seeluft und der Beengung in den kleinen Kabinen auf die Naturen der verſchiedenen Paſſagiere. Zur Seekrankheit iſt es eigentlich noch nicht gekommen, aber Unbehagen aller Art drückt ſich in

Stimmung und dumpfer Schwere aus. Die Speise=
tafeln haben sich daher etwas gelichtet, wenn es auch
noch nicht zu Klagetönen aus den Schlafräumen ge=
kommen ist.

Unentwegt spielt dagegen die Schiffskapelle, oben
in Blech, unten in Streich=Instrumenten die künstlichsten
und ältesten Sachen. Der Dirigent muß schon mehrere
Menschenalter sich auf dem Wasser bewegen, denn nach
den täglichen Programmen zu urteilen, scheint er gar
keine Ahnung zu haben, was während der Zeit sich auf
dem Lande vollzogen hat!

Noch eine musikalische Eigentümlichkeit besitzt der
Norddeutsche Lloyd, daß für die Kajüt=Passagiere durch
Kavalleriesignal zum Futtern geblasen wird. So eigen=
tümlich dies auch klingen mag, ist es doch sehr an=
genehm, da des Läutens und Gongschlagens und
Pfeifens kein Ende ist, und jedes einzelne Geräusch seine
besondere Bedeutung für die Einwohner der „Ems" hat.

Die Zeit ist in Abschnitte von 4 zu 4 Stunden
geteilt, was noch auf die Gewohnheit mit den früheren
Sanduhren zurückzuführen ist, und da werden dann
Glockenzeichen zu Ablösungen und sonstigen Ver=
richtungen der 200 Mann starken Schiffsmannschaft ge=
geben, die einem erst in einigen Tagen geläufig werden.

Die „Ems" hatte jetzt sechs Wochen in Bremerhaven
gelegen: Maschine, Welle, Schraube, innere Einrichtung
und äußeres Kleid haben da eine Verjüngung erfahren,
daß sie wie neu aussieht. Einen Oelfarbengeruch muß
man dabei mit in den Kauf nehmen und mögen die
vielen Kopfschmerzen darin wohl ihren Grund haben.
Ob Goethe nicht bei seiner Ueberfahrt von Genua nach
Neapel sich in gleichem Zustand befunden haben mag,
da man in seinen Schriften nirgends etwas von dem
Eindruck findet, den das Meer auf ihn gemacht hat?!

Hildebrandts Reise um die Welt im Jahre 62 klingt fast wie vorsintflutlich, wenn man die Reise= marter von Shanghay bis St. Francisko während sechs Monate auf einem unsicheren Segelschiff liest — in Nahrungssorgen, Unbequemlichkeit, Meuterei und allem Elend! Wie herrlich bricht sich die Natur des Künstlers da dennoch Bahn in so tief empfundenen Natur= anschauungen und heiteren Bemerkungen!

Auf unserer Linie von den Nebels nach New=York sind unaufhörlich 36 große Dampfer unterwegs und gewiß noch viel mehr Segelschiffe. Es ist aber ein bischen viel Wasser dazwischen, und das Erscheinen eines entfernten Schiffes ruft alle Passagiere mit Gläsern auf Deck, und es findet sich auch immer ein Columbus dabei, der das Alles genau kennt und erklärt, was denn auch meistens zur Beruhigung beiträgt. Es sind sowohl Amerikaner wie Deutsche dabei, welche bereits 6, 8, 11 mal diese Fahrt gemacht haben, als ob man von Berlin nach Potsdam fährt! Merkwürdigerweise ist dennoch diese Linie nicht international, sondern er= scheint fast lokal. Alle ohne Ausnahme sind froh, den öden Wahlzänkereien entgangen zu sein. Am heitersten aber sind ein paar Hundert Polen aus der Warschauer Gegend, indem sie Plackereien hinter sich haben, die sie zur Auswanderung getrieben. Sie spielen „Pan Graf und Bauer". Natürlich will der nicht arbeiten; dann kommt ein verkleideter Kosak, nimmt dem Bauer Alles ab, selbst die Stiefel, und nun prügelt der Graf, bis eine allgemeine Holzerei das Ende macht. Die Zieh= harmonika löst dann Alles in Gesang und Tanz auf. Wenn man nicht expreß nach dem Zwischendeck geht, um diese Leute zu sehen, hat man, wie ich schon er= wähnt habe, auf dem ersten Platz gar keine Ahnung von ihrer Existenz, selbst die Musik dringt nicht bis

dahin. Ueberhaupt hört man kein Kommando, keine
Anordnung, keinen Befehl. Alles vollzieht sich still,
pünktlich, ruhig; die Bedienung ist musterhaft.

Dienstag, 23. Mai. Ob es wohl absolut nötig
ist, im Frack und weißer Kravatte das Diner ein=
zunehmen, darüber ließe sich debattiren. Es geschieht
aber und macht einen sehr freundlichen Eindruck —
lassen wir es also dabei! Im Allgemeinen habe ich
auch bemerkt, daß der größte Rauhbein, wenn er sich in
weißer Kravatte als sog. gentleman verkleidet hat, bemüht
ist, höflichere Formen anzunehmen. Es schließt immer
noch nicht aus, daß er etwa den Fisch mit dem Messer
ißt! aber zuweilen moderirt er seine Stimme und
manchmal auch seine Behauptungen — also im Frack!

Heute aber noch nicht, denn Aeolus und Neptun
wollten den dritten Feiertag nicht vorübergehen lassen,
ohne uns einen kleinen Scherz zu bereiten. Es muß
in dieser Gegend in diesen Tagen heftig gestürmt haben,
denn der ganze Ocean schien noch in großer Aufregung.
Ein steifer Nordwest that das Seinige, uns das groß=
artig schöne Bild Tag über zu erhalten. Tief dunkel=
blau da unten in den Gründen und weißer Gischt,
wenn die Wogen über Deck gingen. Die brave „Ems"
arbeitete unentwegt in ihrem Kurs, durchbrach die vor
ihr anstürmenden Wassermassen und erhob immer aufs
Neue ihr Haupt, wenn der donnerähnliche Anprall der
Wogen sie zur Seite neigte. Klagetöne aus allen Ka=
binen, entsetzlich klang das Signal zu Tisch, blieb auch
unbeantwortet, und mit Unwillen sieht man, daß
andere Sterbliche davon ganz unberührt bleiben.

Der Schah von Persien gebot auf seiner ersten
Europafahrt dem Kaspischen Meer, sich augenblicklich
zu beruhigen; merkwürdigerweise ohne den erwarteten
Erfolg, und da er sah, daß bei seinem Leiden Fürst

Mentschikow sich ganz wohl befand, erblickte er darin einen Mangel an Achtung gegen seine Person. Heute befinde ich mich so ungefähr in der Lage des Schahs. Bei zahlreichen Seereisen bin ich der Seekrankheit stets entgangen, heute muß ich hart büßen. Ich zwinge mich zum Schreiben, da man nicht wissen kann, ob die nächsten Tage nicht noch ärger werden, dann ist ja immer noch Zeit, um Reflexionen anzustellen, ob die Ursache im Magen oder kleinen Gehirn zu suchen ist.

Mittwoch, 24. Mai. Diesen Morgen, um ½4 geberdete sich die „Ems" wie eine Riesenkuh, der man ihr Kalb genommen. In kurzen Pausen stieß das Nebelhorn schauerliche Warnungsrufe aus und alarmirte die erschreckte Einwohnerschaft. Auf Deck befand man sich in kaltem, so dichtem Nebel, daß nicht einmal die Spitze des Schiffes zu sehen war. Es wurde mit aller Kraft gefahren. Die Tuterei wollte kein Ende nehmen. Endlich legte man sich naß und durchfroren, aber Gott ergeben, nieder und schlief, bis die kalte Nacht zum regnigten Tag geworden war. Die leidige Schaukelei nahm aber ihren ungestörten Fortgang.

Bei Sturm und Regen und Kälte ist man zu sehr mit den Leiden und dem Schutz seiner eigenen lieben Person beschäftigt, um für große Empfindungen Zeit zu haben. Das Wasser spritzt durch die Fenster, Koffer fallen über einander, die Uhr unter das Bett, Thüren klappen auf und zu. Da gilt es, Alles ungesäumt in Sicherheit zu bringen, und wenn es soweit ist, sagt man sich, daß man freiwillig niemals Seemann geworden wäre. Nach solchem Sturm aber, wenn die Luft sich beruhigt hat, die Sonne wieder durchbricht und der aufgewühlte Ocean im Glanz der Farben sein Spiel treibt, wird man von der Großheit der Wasser= einsamkeit mit Staunen ergriffen, und alle kleinen per=

fönlichen Leiden und Wünsche treten da als unberechtigt
zurück. Auch hier herrscht Ordnung und Gesetz. Sechs
Wogen folgen sich in gewaltiger Naturkraft, und spielen
mit dem Riesenschiff wie mit einer Nußschale, die
siebente aber ist dann immer ein Wassergebirge, das
wie vernichtend daher kommt und Alles zu zerschmettern
scheint. Das Schiff hebt sich mit ihm, gipfelt und
gleitet schnell in die Tiefe, daß einem wie auf der
Schaukel der Atem vergeht. Alles auf Deck ist naß,
man ist mit dem Stuhl umgefallen, man glaubt aus
den Wellen verlachende Rufe von Tritonen zu hören,
und der Seemann nennt das bloß eine Dühnung.

Die Sachen an sich haben ja meistens eine Art
festen Halt, die Anschauung darüber wechselt nur von
dem verschiedenen Standpunkte des Beobachters aus.
Ich fahre lieber zu Lande. Die Drehung der Erde
bringt eine Wassermasse in Bewegung, die, aus dem
Golf von Mexiko erwärmt, ihre Richtung auf Bergen
an der Norwegischen Küste nimmt. Da giebt es denn
an den Rändern Kämpfe zwischen warm und kalt
und Bewegung, die sich in Nebel und Gewoge aus=
drücken.

Wenn sich Zwei zanken, ist es immer geraten, der
Dritte bleibt weit davon. Unser Ziel liegt aber jenseits
und da hilft nichts: wir müssen durch. Ich liebe Kinder,
wenn sie artig sind und in gewisser Entfernung bleiben.
Die lieben Kleinen werden aber unausstehlich, wenn sie
sich ihren Spielplatz zum Ringen und Springen gerade
über meiner Kabine auswählen. Die Sache endigt auch
regelmäßig mit irgend einem kleinen Unfall und großer
Schimpferei, wobei die polnischen Auswanderer=Eltern
denn auch ihr größtes Geschütz auffahren lassen. Wahr=
haft erfreut hat mich unter Anderem die Verwünschung:
„Ich verunreinige das Grab Deiner Mutter!" was ein

rechter Nachhall ihres früheren Zusammenlebens mit Tataren ist, von denen man überhaupt viel Ueber= bleibsel findet, z. B. die viereckige Mütze, ursprünglich zur Aufnahme der buddistischen Gebetdrehmaschine, und der kavalleristische Lanzenangriff mit Hurrah, wobei im Laufe der Zeit Mangel an Energie das r in l ver= wandelt hat im Wort Ulanen. Bei diesem Auswanderer= völkchen hat sich die Kraft noch im Tanz bewahrt, der den ganzen Tag währt. Manche ihrer Lieder haben sehr schöne Melodien.

Neptun scheint wieder versöhnt; wir gleiten aufs Neue sanft dahin. Die Tafel hat ihre Lücken wieder ausgefüllt. Auf einer Karte wird durch kleine Fähnchen die durchfahrene Strecke sichtbar markirt. Wir fahren täglich etwa 370 Seemeilen, das sind etwa 700 Kilometer oder etwa 16 Knoten die Stunde. Morgen Nachmittag sollen wir den halben Weg zurückgelegt haben. Im großen Speisesaal, der durch 35 elektrische Lichter er= leuchtet ist, steht ein Steinway=Pianino. Was nützt nun ein Talent in der Stille? Wenn irgend Jemand sich unbelauscht glaubt, prüft er schüchtern das In= strument, scheinbar nur, um den Steinway kennen zu lernen, dann aber heißt es: „Ich bitt Euch liebe Vöge= lein". Mit seekrankem Uebergang geht's dann auf die Hymne aus Stradella los, bis man Chopins Ende in ungezählten Nokturnen beklagen muß. Schließlich glaubt der Künstler, wenn auch nur bei der Bedienung, An= erkennung zu finden und greift länger und breiter in die Tasten — uff! Vielleicht ist das nur Brotneid bei mir und Bedauern, meine Musikmarterwerkzeuge zu Hause gelassen zu haben, denn für ein wirklich musika= lisches Genie giebt es außer Hans von Bülow kein ab= schreckendes Beispiel.

Ein Besuch unseres Postbureaus giebt einen un=

gefähren Ueberblick des Briefverkehrs zwischen der alten und neuen Welt; die „Ems" hat drei Posttage zu befördern; sie hat 35 000 Briefe, 60 000 Zeitungen unter Kreuzband, 15 000 Einschreibebriefe und in Southampton noch eine Million Dollar Silbergeld aufgenommen. In acht Tagen wird das Alles in Postsäcke für die verschiedenen Staaten, Eisenbahnlinien und Hauptstädte geordnet. Es arbeiten deutsche und amerikanische Beamte dabei. Der Amerikaner spricht keine Silbe deutsch, vom Deutschen aber wird das Englische verlangt. Man steckt auf dem Schiff Briefe in den blauen Briefkasten, die sodann mit dem Stempel „Deutsche Seepost" auf das nächst abfahrende Schiff gegeben werden. · Von Southampton werden die Briefe Queensborough—Vlissingen instradirt, weil sie dann einen halben Tag früher als über Bremen z. B. in Berlin ankommen. In Allem, wie auch hier, muß man die weise Organisation des heiligen Stephan bewundern. Als Beweis gilt es, wenn der Empfänger das so und nicht anders ganz natürlich findet.

Eine Visite beim Zahlmeister des Schiffes gab mir freundlichen Einblick in feste Zahlen, an denen nicht zu rütteln ist. Jedes Norddeutsche Lloyd-Schiff hat etwa 4½ Millionen Mark gekostet und macht im Jahr zwölf Fahrten von Bremen nach New-York. Jede Fahrt kostet etwa 150 000 Mark. Täglich werden 150 Tons Kohlen à 1000 Kilo (die Tonne 13 Mark) verbraucht. Die Mannschaft besteht aus dem ersten Offizier, Herrn Rätz, und noch drei anderen Offizieren, einem Arzt, sieben Maschinisten und 180 sonstigen Bediensteten. 36 Feuer speisen die Maschinen.

Augenblicklich sind 1261 Passagiere an Bord und noch etwa 300 Plätze leer. Täglich werden unter Anderem 900 Pfd. Rindfleisch verzehrt. Vollständiger

Proviant für 30 Tage ist vorgesehen. Doch würde es den Raum dieser Blätter überschreiten, wollte ich ein bogenlanges Verzeichnis aller Vorräte aufzählen, die da verzeichnet stehen: wie 100 Büchsen eingemachter Austern, 100 Büchsen Krebsschwänze, von denen die Auswanderer natürlich nicht viel zu sehen bekommen! Vier Küchen=Chefs, die auf Kosten des Lloyd Ver= vollkommnungsstudien in Paris, Berlin, London und New=York noch zu machen haben, walten ihres Amtes, sind aber, wie es scheint, stark auf Cayenne=Pfeffer ge= aicht, den sie sogar zu süßen Speisen verwenden. Die Weine sind sehr gut und preiswürdig. Die Existenz auf einem Norddeutschen Lloydschiff ist in der That eine Annehmlichkeit — wenn es nicht schaukelt!

Donnerstag, 25. Mai. Heute sind wir fleißig gewesen, haben 395 Seemeilen zurückgelegt und sind soeben einem großen Dampfer begegnet. Die Spiele auf Deck nahmen ihren ungeschwächten Fortgang. Die musikalische Seite ist schwach vertreten. Eine späte Jungfrau aber zeigt sich recht beharrlich. Man macht auch hier Landpartien, d. h. der Obermaschinist führt eine auserlesene Gesellschaft Trepp auf Trepp ab, bis in unergründliche Tiefen, und erklärt den ganzen Mechanismus, der dieses Riesenschiff mit solcher Leichtig= keit durch die Wellen treibt. Ein Bediensteter, den ich nach seinem Amt fragte, sagte mir, er sei der „kalte Koch". Ich begreife gar nicht, daß ein Mensch mit so blühendem Teint und so sanften Zügen so schreckliche Ueberreste mit konzentrirter Schwefelsäure in begehrte Leckerbissen verwandeln kann, ohne seinem Charakter zu schaden! Ueberhaupt ist es eine Eigentümlichkeit der Speisefolge beim Lunch und auch beim Diner, daß erst alle warmen und dann für sich alle kalten Speisen ser= virt werden. Nun es geht auch so!

Die Expedition in die Maschinenräume führte mit schrecklicher Gründlichkeit bis in die tiefsten Gründe auf steilen Leitern in Hitze und Oelgeruch. Alles sah blant wie neu aus, arbeitete geräuschlos, Maschinisten und Heizer zeigten sich heiter und zufrieden, und ich war froh, endlich wieder an die frische Luft zu kommen.

Um meinen Wissensdrang ganz zu befriedigen, inspizirte ich dann noch eine neue Art Kompaß und die Chronometer auf der Kommandobrücke. Ich erfuhr ferner, daß der Bediensteten Gehalt auffallend gering, sowie daß das Schiff durch 400 elektrische Lampen er= leuchtet sei.

Freitag, 26. Mai. Um 8 Uhr wird man durch Kavalleriesignal aus süßem Traum geweckt. Um $1/_2$9 ruft das Siegfriedmotiv zum Thee in den Speisesaal. Ich habe wohl nicht erst nötig zu sagen, daß mich das nicht berührt. Um 9 bringt der Stuart mir Thee, zwei Eier und etwas Rauchfleisch ans Bett und stattet Rapport ab: über genaue Zeit, Fahrgeschwindigkeit, Wetter, Begegnisse auf See, Barometerbetragen und Schiffsneuigkeiten. Einer späten Jungfrau ist Hut und Bädecker über Bord geflogen. Im Zwischendeck ist unter Gesang und Tanz ein Knäblein geboren. Wir sind also jetzt 1262 Einwohner in unserer kleinen Stadt. In der zweiten Kajüte wird zu heute abend eine Theatervorstellung vorbereitet. Um 10 bade ich; während der Zeit begegnen sich „zufällig" stille Talente am Piano und einigen sich über „Es hat die Rose sich beklagt" und „Spindlers Husarenritt" mit Gesang und Streich= zither, das lockt dann eine Anzahl Kunstfreunde an, die das Alles sehr beautiful finden, was ihnen Veranlassung giebt, von der Melba, Rubinstein und Cosima zu reden. Es bilden sich hier und da kleine Gruppen, die Geisen= heimer oder Pilsener opfern. Merkwürdigerweise ist von

Amerika oder der Ausstellung kaum noch ein Wort ge=
fallen! Wir haben heute 389 Seemeilen zurückgelegt
und passirten das sogenannte Teufelsloch: eine Tiefe
von 1800 Metern, über der sonst viel Nebel und Un=
wetter herrscht. Eine Walfischfamilie ergötzte sich und
uns durch fröhliche Spiele und Fontainen. Je mehr
wir uns unserm Ziel nähern, desto bekannter und fröh=
licher wird die Gesellschaft, auch mehren sich die Dampfer,
die uns begegnen. Wir haben aber immer noch 3 Tage
zu fahren.

Sonnabend, 27. Mai. Man hat mitunter
poetische Anwandlungen; so hatte ich gestern nach dem
Diner den Kaffee versäumt, um den Sonnenuntergang
zu genießen. Eine schmale braune Bank aber hatte sich
davor gelegt. Als ich für den andern Tag Regen
prophezeite, sagte der erste Offizier, es sei kein Regen,
wurde dann aber abgerufen. Nun weiß ich, was es
war, denn von 10 Uhr abends ab bis heute früh fuhren
wir wieder unter ununterbrochener Nebelhornmusik mit
halber Kraft in dickem gelben Nebel. Wir haben in
der Nähe der Neufoundlandbänke wieder einmal die
Grenze eines Zweiges des Golfstromes erreicht, wo die
Natur im Liebeskampf zwischen warm und kalt ihre
Ungeduld in Dampf ausdrückt. Mein trauliches Heim
grenzt an den großen Salon — in den letzten Tagen
kam mir die Art des Musizirens schon etwas verdächtig
vor. Nun aber schlägt bald die Scheidestunde, und da
bricht das Bedürfnis, Talente nicht verborgen zu halten,
mit Gewalt durch! Für heute Abend ist eine musika=
lische Soirée in aller Form mit gedrucktem Programm ꝛc.,
natürlich zum wohlthätigen Zweck, für Zwischendecks=
wöchnerinnen, angesagt. Hoffen wir, daß dieser Sänger=
krieg ohne Dampf und Nebelhorn vorüberzieht!

Die See war heute wieder etwas bewegter, und das große Schiff bog sich und krachte wie ein Wasch=korb. Von Seekrankheit hört und sieht man nichts mehr; schließlich gewöhnt sich der Mensch selbst an schlechte Behandlung.

Die Temperatur des Wassers war bis auf 4° zurückgegangen, und ein eigentümliches Silberglitzern am Horizont zeigte schwimmende Eismassen, die uns wieder zu halber Fahrkraft nötigten. Die Kälte hat Alles vom Deck in die Salons getrieben. Die ganze Stimmung erleidet durch die Temperatur wesentliche Einbuße. Abends entwickelte sich nun also die musika=lische Soirée im großen Salon. Alles hatte sich festlich gekleidet, saß und hörte artig zu. Die Piecen wurden mit Liebe gegeben und mit Geduld aufgenommen. Unser Weltreisebegleiter Herr Gibelius lag wie eine Prima=donna an Migräne im Bett und gab aus Gefälligkeit im letzten Augenblick noch sein Bestes. Ein Teil der zweiten Kajüt=Passagiere sah bei dieser Gelegenheit das erste Mal den mit Nibelungbildern geschmückten großen Salon und schien schier verzaubert ob der Pracht.

Nach dem Konzert erklang Musik auf Deck, oben war mit farbigen Lampen eine italienische Nacht vor=bereitet, die nur der kühle Wind von Neufoundland her beeinträchtigte; trotzdem wurde brav getanzt und Alles schien selig und zufrieden zu sein. Der Contrebaß stand gerade über meiner Kabine. Gute Nacht!

Sonntag, 28. Mai. Unablässig arbeitet die Maschine, unablässig teilt das Schiff neue Wasser=massen, unablässig streben wir dem Ziele zu. Wir hatten im Allgemeinen eine Ueberfahrt wie auf einem Ententeich in Wohlbefinden, angenehmem Unterkommen

und vorzüglicher Verpflegung in liebenswürdiger Gesell=
schaft. Es sind nun aber bereits acht Tage Himmel
und Wasser und Wasser und Himmel, und wie die
Mannschaft der Karavelle Santa Maria von Columbus
sehnen auch wir uns darnach, bald „Land—Land" rufen
zu können. Gewisse Anzeichen des Landes melden sich
bereits von Neufoundland her im Erscheinen von Möven,
und auf dem Schiff selbst in größerer Thätigkeit unseres
Postbureaus. Sobald das Schiff in den Hafen von
New=York einläuft, schließt der kaiserlich deutsche Post=
sekretär seine Thätigkeit und der amerikanische tritt in
Thätigkeit. Postkarten, Marken und Blanks, d. h.
überseeische Kabeldepeschenformulare, finden reißenden
Abgang.

Als ich 1855 das erste Mal in England war, sah
ich auf der Fahrt von London nach Greenwich das
Riesenschiff „Leviathan", das später „Great Eastern" um=
getauft wurde, im Bau begriffen. Damals hatte man
noch keine Ahnung davon, daß es sich unvergessen
machen würde durch die Legung des ersten atlantischen
unterseeischen Kabels. Von der Westküste Irlands bis
auf Neufoundland liegt das Drahtseil, vermittelst welchen
man heute telegraphisch zwischen Amerika und Europa
sich unterhält, als wäre es niemals anders gewesen.
Die Riesenkosten dieser fast 3000 Meilen langen Ver=
bindung mit Kabel, Maschinen, Grund und Boden,
Bauwerken und Personal werden gedeckt, indem man
pro Wort 1 Mark und 50 Pfennig zahlt. Wie viele
Depeschen mögen wohl über Gewinn und Verlust von
Leben und Vermögen Nachrichten vermitteln und von
einschneidendstem Wert sein! Wenn aber in den
amerikanischen Morgenzeitungen Festreden und Kammer=
verhandlungen stehen, die sich to-night wenige Stunden
vorher in Europa zugetragen haben, so ist mir das

doch mehr als ein Konkurrenz-Zeitungssport und nicht
als eine Notwendigkeit erschienen. Die Kabel-Enden sind
mit ungemein empfindlichen balancirenden Nadeln versehen, die in der Bewegung bei elektrischer Strömung
auf Papierstreifen eine Art Kritzelei darstellen, wie etwa
Gebirgsprofile. Ein gewöhnlicher Telegraphenbeamter
würde diese Schrift ohne neues Studium garnicht lesen
können. Hier an den Endstationen des eigentlichen
Kabels werden dann erst die Depeschen in Morse- oder
Buchstabensystem übersetzt und kommen dem Empfänger
in sonst gewohnter Weise vor Augen. Interessant sind
unter andern die Instrumente, die, an die Kabel-Enden
angeschlossen, die genaue Entfernung etwaiger Brüche
oder Orte der Störungen im Betrieb anzeigen, so daß
bei Bruch des Kabels die mit der Reparatur beauftragten
Schiffe nicht am ganzen Kabel entlang zu suchen
brauchen, sondern direkt unter dem oder dem bestimmten
Meridian, durch Schleppanker die Kabel-Enden aufziehen,
um die Enden wieder mit einander zu verbinden. Das
unterseeische Terrain hat etwa von der irischen Küste
eine Tagereise entfernt mit scharfer Kante einen jähen,
plötzlichen Absturz von mehreren Tausend Metern, und
ist diese scharfe Kante als Schleifstein dem Kabel am
gefährlichsten.

Neufoundland ist nachweislich schon um das Jahr
1000 von nordischen, hundert Jahr vor Entdeckung
Amerikas durch Columbus von portugiesischen Fischern
besucht worden. Seit mehr als hundert Jahren ist hier
die Vereinigung von nach hunderten zu zählenden englischen, französischen und amerikanischen Fischerflotten,
die nicht allein fischen und Fische trocknen, sondern sich
auch unablässig zanken. Die Rechte der verschiedenen
Nationen sind zwar seit 100 Jahren in endlosen Ver-
trägen festgesetzt, der geistreiche Wortlaut dieser Be-

stimmungen ist aber sprachlich immer noch irgendwo beliebig zu deuten, und daher nimmt das Streiten kein Ende.

Eine besondere Merkwürdigkeit hatte früher Neu= foundland dadurch, daß sich noch bis zum Jahre 1846 die nunmehr in der ganzen Welt ausgestorbenen straußen= artigen Vögel Emu daselbst vorfanden.

Eine andere Merkwürdigkeit ist die, daß die Kabelstation Plaisence heißt, aber für die Einwohner in Klima, Lebensweise und Allem was dazu gehört, als eine Art Deportation erscheint.

In irgend einem Jahre kam ich von Como nachts sehr ermüdet in Baveno am lago maggiore ins Bett; ich hatte mich sehr auf den sonnigen azurblauen See und den mont Rosa-Gletscher gefreut, hörte morgens im Halbwachen jedoch strömenden Regen und schlief bis in die Mittagsstunde. Da der Mensch aber einmal doch gewöhnt ist, aufzustehen, öffnete ich die Fensterläden und erstaunte über den traumhaft schönen Sonnenblick und Frieden in der Natur — ein Springbrunnen dicht vor meinem Fenster hatte in meinem Ohr mir böses Regenwetter vorgegaukelt und mich um schöne Stunden gebracht. So ging es mir auch heute. Aus dem Zwischendeck hatte ein Auswanderer sich seines über= flüssigen Labskaus aus dem Speisekessel statt ins Meer gegen mein Kabinenfenster entledigt. Das ganze Firma= ment sah daher trübe und regnigt aus. In Wahrheit aber fuhren wir im Sonnenschein wie auf dem lago maggiore, und oben delektirte sich Alles an der herr= lichsten Mailuft.

Labskaus ist ein Purée von Rauchfleisch und Bohnen, das wie irisch Stew schmeckt und ein sehr be= liebtes Seemannsessen ist, aber wie Chokoladen=Crème aussieht.

Ich habe die Unvorsichtigkeit begangen, eine sehr feine Achttagenuhr, die weckt und repetirt, mitzunehmen, sie scheint aber pikirt, daß sie alle Tage 20 Minuten zurückgestellt wird und rächt sich durch allerhand Tücken, die sich kaum die Waterbury der Frau Buchholzen erlauben würde. Dies möge künftigen Weltreisenden zur Richtschnur dienen! Wenigstens denen, die von Osten nach Westen fahren. Diejenigen, welche von Westen nach Osten reisen, müssen die Uhr täglich vorstellen, was eine Uhr lieber sieht, als Rückwärtsdrehungen.

In den letzten 24 Stunden haben wir 395 Seemeilen zurückgelegt und haben jetzt noch 600 bis New-York. In der Höhe von New-Scotland hat uns jetzt wieder ein so dicker Nebel befallen, daß wir unter unausgesetztem Nebelhorngeheule mit halber Kraft fahren. Wir kreuzen die Ausfahrt aus dem Hafen von Boston und müssen daher wohl gewärtig sein, Schiffsbegegnungen zu haben. Der Nebel fällt eiskalt auf Deck, Alles in Wasser setzend. Unser Tenor singt im Salon „Der Mai ist gekommen", aber es ist nicht wahr. Die Lloydschiffe, die einen schon so wie so halb tot mästen, haben die Gewohnheit, den Passagieren ein Abschiedsmahl zu geben. Das ist uns heute versetzt worden. Drei Stunden wurden immer wieder neue Sachen servirt in der wunderbarsten Fruchtfolge; dabei figurirten schön dekorirte Baumkuchen, von innen erleuchtete Eisgebäude und Früchte, als wären wir schon in Indien. Unser Tenor singt Lassen und Franz mit dem Nebelhorn um die Wette. Bei Tisch spielte die Schiffskapelle eine Cavatine mit Variationen aus dem Bergsohn von Meyer-Auber; die Ausführung war eben so grausam wie der Titel. Jetzt ist es mäuschenstill im Schiff geworden, denn die See geht wieder hoch, der Nebel scheint sich zu lichten.

Montag, 29. Mai. Land! Land! Die Woche fängt gleich mit einer Unwahrheit an, denn erstens sieht man noch kein Land und zweitens rechnen die Berichte unserer Ueberfahrt auf sieben Tage von den Nebels bis hierher. Wir sind aber 30 Stunden schon von Bremer= haven bis zu den Nebels gefahren und fahren noch 30 Stunden, bis wir im Hafen von New=York sind — aber immerhin heute früh 8 Uhr haben wir den amerikanischen Lotsen aufgenommen. Unbändiger Jubel wächst im Schiff. Alles packt seine sieben Sachen zu= sammen, um mit Ergebung der entwürdigenden Zoll= vivisektion entgegen zu sehen. Der Himmel wird blauer, einige Horizontwolken haben schon so ein gewisses Ge= bilde von Landwetter, die See ist spiegelglatt, Alles an Bord gezahlt. Einige Höflichkeitskarten sind ausgewechselt, der Dank dem Kapitän und den Offizieren für das schöne Wetter abgestattet, beim Schiffsarzt noch die letzte Lektion im Japanischen und der Pitschensprache genommen und nun — basta! Wie Columbus sehnen wir uns, den Fuß in die neue Welt zu setzen. Noch einmal der Blick lieber Erinnerung nach der Heimat — und nun vorwärts hinein in das Gerudere westwärts!

Dienstag, 30. Mai 1893. Also wirklich in

Es hat doch einen eigentümlichen Zauber, etwas das erste Mal zu sehen. Vorstudien und Pläne bereiten einen ja wohl vor, um den Blick gleich systematisch zu leiten, doch meistens hat man dabei vergessen, mit den Höhenprofilen zu rechnen. Bei der Einfahrt in den Hafen von

New-York

kommt noch der Zauber des vom Land umgebenen Wassers dazu, und vor Allem die gewaltige Dimension, die hier Alles in den großartigsten Verhältnissen dem ungewohnten Auge darbietet. Man gewöhnt sich an die erhabensten Gebirgslandschaften, aber nicht an solch großartigen Menschen= und Schiffsverkehr, der dieses Bild bewegt. Der Hafen von New-York könnte alle Flotten der Welt in sich aufnehmen. Er scheint sie sogar aufgenommen zu haben, denn ein Urwald von Masten und Dampfschornsteinen, dies fortwährende Ein= und Auslaufen großer Schiffe, ist nur ein Rahmen, in dem sich ein lokaler Verkehr von Riesenfähren, kleinen Dampfbooten und Booten aller Art und Form ameisen= artig breit macht, daß man es kaum begreifen kann, daß bei der Schnelligkeit aller dieser Bewegungen nicht jeden Augenblick ein neuer Zusammenstoß, ein neues Unglück passirt. Es ist schwer, das Auge großen, geistigen Be= griffen bereit zu halten, weil die vibrirende, schwirrende Bewegung dieses New-Yorker Verkehrslebens fortwährend das Auge in nächster Umgegend gefesselt hält. Wie be= neidenswert ist es doch, sich solchen Eindrücken sorglos hingeben zu können und so recht aus vollen Zügen den Reiz der Neuheit zu genießen!

Augenblicklich war dies Gefühl nicht allgemein,

denn manche der Ankömmlinge hatten Not mit Sanitäts-
und Zolluntersuchungen, Sprache und Wohnungsfragen,
und es gab auch solche, die wie ein gebrochenes Scheit
Holz aus fremde Ufer getrieben waren, ohne zu wissen,
was der nächste Tag bringen würde, und wo das Glück
zu finden sei. An Arbeit dachte vorläufig Niemand,
denn nun waren sie ja in Amerika, wo schon so Viele
reich geworden waren.

Früh morgens 2 Uhr fiel außerhalb des Hafens
der Anker nach acht Tagen ununterbrochener Fahrt; bei
Sonnenaufgang war im Zwischendeck schon Alles mobil,
die Bagage wurde bereit gelegt, und um 7 Uhr erschien
die Sanitätskommission und musterte die Einwanderer
auf das Eingehendste. Kranke und gebrechliche Gestalten, alte Arbeitsunfähige und Leute, welche weniger
als 30 Mark besitzen, werden nicht angenommen, und
müssen diese die Schiffe, welche sie gebracht haben, frei
wieder zurückschaffen; deshalb waren diese Passagiere
in Bremerhaven schon so eingehend gemustert, gebadet
und auf reinliche Anzüge geprüft worden. Wo den
Aerzten in den Zügen Mangel an Intelligenz erscheint,
entscheidet das Thermometer über Annahme oder Zurück-
weisung. Die amerikanische Sanitätskommission hat die
Mittel an der Hand, solchen Schiffen große Verzögerungen
machen zu können. Heute z. B. ist in Amerika der
Festtag der Gräberschmückung, wie bei uns das Toten-
fest; da hätte die Kommission also nicht nötig, die Einwanderer zu untersuchen, und die „Ems" müßte bis
morgen zwecklos draußen vor dem Hafen liegen. Die
„Ems" soll aber Sonnabend schon wieder nach Bremen
zurück; da gilt es ausladen, montiren, einladen. Es
ist daher üblich, durch „Aufmerksamkeit" die Aerzte zur
Milde und Schnelligkeit zu bewegen. Es ist ein öffent-
liches Geheimnis, daß der erste Arzt sich auf diese Weise

im Jahre auf 100 000 Dollar steht. Die Regierung ist darüber vollkommen orientirt, nimmt die Hälfte davon zu Wahlbestechungen und läßt ihm die andere als Eigentum. Sobald die Pratika erteilt ist, setzt sich das Schiff in Bewegung. Auf Deck steht Alles Kopf an Kopf; erst jetzt sieht man, daß über 1200 Menschen die Reise auf dem Schiff gemacht haben. Imposant ist die 150 Meter hohe Statue der Freiheit als Hasen= leuchtturm, die Frankreich zur Centennialfeier den Ver= einigten Staaten schenkte. Bisher war man von vor= liegenden flachen Inselufern begleitet, nun aber taucht die mit Riesengebäuden bedeckte Insel Manhattan auf, welche die Stadt New=York trägt. Im Osten vom East River begrenzt, über den die sabelhafte, 1½ Meilen lange Hängebrücke nach dem Brooklyn so hoch geführt ist, daß die höchsten Masten unbehindert unter ihr durchfahren. Im Westen der Stadt fließt der Hudson, unser Ziel, denn hier hat der Norddeutsche Lloyd sein Depot Hoboken, wo wir nach peinlicher Zollvivisektion endlich der neuen Welt freigegeben werden. Als Hudson 1609 hier landete, kaufte er die Insel, auf der heute New=York steht, von einem Indianerstamm für 46 Dollars und traktirte die Verkäufer mit Alkohol, infolgedessen die Indianer die Insel Manhattan, d. h. Schauplatz der Trunkenheit, nannten. Eifersucht der Nationen und Religionskampf hinderten lange das Aufblühen des Handels. Nächst London beherrschen zwei Millionen in New=York den Handel der Welt, der äußerlich in seinen Hafenverhältnissen unerreicht dasteht. Es ist viel an der jungen amerikanischen Kolonie von den europäischen Mutterländern gesündigt worden, so daß der Abfall vor 100 Jahren eine natürliche Folge war. Die Selbst= ständigkeitsbewegung aber ging von Philadelphia und Washington aus und New=York trat mehr in den Hinter=

grund, weil die Sorgen der Erhaltung des Besitzes an irdischen Gütern ihm stets höher als die allgemeinen Interessen standen. Und nun, man sollte es kaum für möglich halten, tritt aufs Neue eine radikale Bewegung ins Leben, die Jugendkraft und Ehrgeiz zum Wagen treibt, die der Engherzigkeit der demokratischen, besitzenden New=Yorker Geldpartei Gefahr bringt — das ist Chicago. New=York liegt wie Peking am Rand des Riesenreiches, aber in Chicago fließen wie ins Herz des Landes alle Arterien so unerschöpflicher Naturprodukte zusammen, daß dieses Herz sie auf der ganzen Welt direkt und unvermittelt überführen will zu eigenem Nutzen und eigenem Ruhm, nicht mit unerwünschter Vermittelung von New=York. Dies ist der politische, gesellschaftliche und kommerzielle Kampf zwischen beiden Städten, deren Hauptausdruck augenblicklich die Ausstellung in Chicago ist.

Die Insel New=York, ein dichter Wald von Palästen und 300 Kirchen, zieht sich von Norden von dem Centralpark in den breiten Broadway und etwa zehn Avenuen nach der Südspitze bis zum castlegarden durch etwa 70 Querstraßen, die von Westen nach Osten die Avenuen rechtwinklig durchschneiden. Avenue 1 ist die östlichste, Straße 1 die südlichste. Infolgedessen ist man schnell orientirt. Fifth Avenuehotel, Ecke der 23. Straße, braucht man auf dem Plan also nicht lange zu suchen. Es handelt sich nur darum, wie man hin kommt: mit der elevated, der elektrischen Eisenbahn, der Pferdebahn oder einer Hackney, d. h. einer mäßigen Droschke! An den Ufern und mehr nach Süden liegen die Geschäftspaläste und die kleinen Handelsviertel, mehr nach der 20.—23. Straße die eleganten großen Läden des eleganten täglichen Verkehrslebens, und weiter nördlich das besitzende Privatleben. Der Centralpark ist der

tägliche Salon eleganter Neugier und wirklicher Er=
holung in dem Kampf ums Dasein und dem Krieg mit
Zahlen mit mindestens sechs Nullen.

Von der Südspitze der Stadt führen zwei große
Eisenbahnlinien nach Norden, außerdem vier elevateds,
Stadtbahnen, eine elektrische und eine Seilbahn, zahl=
lose Pferdebahnlinien, und auf sämtlichen Bahnen ist
eine derartige Ueberfüllung, daß meistenteils doppelt so
viele Menschen sich in den Waggons befinden, als Plätze
da sind. Die Ufer der vorliegenden Inselgruppen und
auch die Außenseite der Stadt erinnern lebhaft an
Hamburg und die Elbufer bis Blankenese. Die Vege=
tation war viel mehr zurück als in Norddeutschland.
Man hatte bisher kühles Wetter gehabt, und obgleich
New=York mit Florenz unter gleichem Breitegrade liegt,
begann der Flieder hier erst zu blühen, ebenso die
Glicinie, die bei uns doch weit früher blüht als sie
Blätter hat. Als wir vor dem Hafen wegen der Pratika
festlagen, teilten wir dasselbe Schicksal mit elf großen
transatlantischen Dampfern, und des Ein= und Aus=
fahrens war kein Ende. Als wir in Hoboken in die
Baulichkeiten des Norddeutschen Lloyd einliefen, war
eine Viertelstunde vorher die „Aller" derselben Gesell=
schaft nach Bremen zurückgegangen. Ein kleiner Post=
dampfer hatte kurz vorher noch unsere Briefe nach der
Heimat ihm übermitteln können.

Wegen des Festtages der Bekränzung der Gräber
der Veteranen des Unabhängigkeitskrieges nahm die Kom=
mission unsere armen Zwischendeckspassagiere nicht ab,
und mußten sie bis morgen im Schiff bleiben. Mit
uns aber ging man beim Zollamte viel glimpflicher
um, als wir erwartet hatten. Der Expreß=Kompagnie
wurde die Bagage nach dem Hotel zu expediren über=
geben, und ein eleganter Wagen führte mich nach dem

Fifth Avenuehotel. Die ganze Stadt hatte halbmast geflaggt und jedes Haus war geschmückt, Alles in Fest= kleidern und in der größten Spannung, denn es sollte eine Parade von etwa 25 000 Personen stattfinden, be= stehend aus Truppen der Armee und Marine, von Deputationen aller Krieger= und sonstigen Vereine, alten Veteranen der Kriegsschule von West point, uniformirten Soldatenkindern, und kaum, daß ich im Hotel an meinem Fenster Platz genommen hatte, begann bei mir der Vorbeimarsch nach dem Kriegerkirchhof: Generalstab, Kavallerie, Artillerie, Marine, sogar Zu= aven und Uniformen aus der Zeit Washingtons mit Fahnen, Musik, Geschützen 2c. Es war eine Macht= entfaltung, wie sie alle Jahr nur einmal hier zur Gel= tung kommt, und wenn dem deutschen Soldatenauge auch Vieles nicht Ernst erscheinen wollte, so muß es doch wohl für die hiesigen Verhältnisse genügen und schien den Amerikanern großen Spaß zu machen.

Im Hotel bekommt man den Schlüssel seines Zimmers und bleibt sich überlassen, als säße man auf einer unbewohnten Insel des großen Ozean: Hausdiener, Zimmerkellner existiren nicht. Eine Beschließerin waltet in jeder Etage, sie kann nicht dazu bewogen werden, Thee oder Kaffee in den bed-room zu vermitteln, kennt ein Bidet nicht dem Namen nach, und es ist gänzlich ausgeschlossen, Jemand zu finden, der einem die Kleider abbürstet. Alle dergleichen Wünsche sollen nur öffentlich auf der Straße in Erfüllung gehen. Ein schwarzer Gentleman, den ich dazu engagiren wollte, gerieth in ungemessene Freude über eine Kleiderbürste und drückte dieselbe aus, indem er sich aufs Sopha setzte und das Elfenbein wiederholt beleckte. Zum Reinigen der Kleider war er nicht zu gebrauchen.

Die Küche im Hotel ist ganz vorzüglich, die Art

zu serviren aber befremdlich. Auf der Speisekarte stehen
obenan die warmen Speisen und dann die kalten.
Streicht man auf dem Menu die gewünschten Speisen
an, so werden sie erst garnicht gebracht und dann alle
auf einmal hingestellt. Es ist und bleibt eine verwilderte
Abfütterung und fast Niemand trinkt Wein, sondern nur
Eiswasser oder Milch. Die Speisen haben oft indianische
oder sonst unverständliche Namen, kurz, das Mahl, das
ein Augenblick der Freude, des Glücks und der An=
regung sein soll, ist in Amerika eine Marter. Kalten
Entenbraten mit Austern und ein Glas kalifornischen
Rotwein will ich aber doch bestens empfohlen haben.

Nach dem lunch wandte ich mich dem Norden zu.
Natürlich mit einem Guide, denn das ewige Wechseln
der Bahnen, und richtige Umsteigen glaubt ein Fremder
zuerst niemals begreifen zu können. Der Festtag hatte
Hunderttausende von Menschen ins Freie gelockt.
Ueberall auf Plätzen, Wiesengründen, Gärten sah man
Ballspiele, Chinesen ließen Drachen steigen und auf dem
Harlem (Arm des Hudson) belustigten sich Tausende von
Booten mit Segeln, Rudern, in Wettfahrten und sonstiger
Kurzweil. Nachdem man eine Stunde mit den ver=
schiedenen Bahnen gefahren ist, erweitert sich das Thal,
daß es fast das Ansehen der Gegend von Richmond
und Windsor erhält. Die riesenhaften Geschäftsblöcke
machen riesenhaften Mietshäusern Platz, dann werden
die Häuser kleiner, die Gärten treten mehr in den Vorder=
grund, und nun glaubt man überall Blankenese bei
Hamburg wiederzuerkennen in seinen herrlichen Villen,
lebhaften Farben und dem Zauber des Wassers. Sehr
eigentümlich wirken die alten Holzbaracken mit Vor=
galerien und grünen Fensterläden aus früherer Zeit.
Man erkennt sofort darin die Häuser der ersten Kultur=
pioniere und Pflanzer und sucht daneben nach Onkel

Toms Hütte. Das ganze große Publikum, welches auf den Beinen war, erinnerte lebhaft an das Genre, das am Sonntag in Berlin die Hasenheide bevölkert — nur daß man in Haltung, Farbengeschmack, abstoßenden Physiognomien deutlich die Nachkommen und Zugehörigen unserer Zwischendeck-Auswanderer zu erkennen meint. Der Verkehr mit dieser Rasse hat geradezu etwas Abstoßendes. Niemand macht auch nur den oberflächlichsten Versuch, höflich sein zu wollen. In den Waggons stößt und tritt sich das, raucht sich an oder spuckt dicht am Nachbar vorbei, ohne nur zu denken, daß man das auch anders machen könnte. Es ist ein ausgesprochener Mangel des Gefühls für Anstand. Jeder sorgt nur für sich, und ginge es zum Ziel über die Knochen des nächsten Angehörigen. In dieser Klasse giebt es manchmal im weiblichen Teil hübsche Gesichter, die aber doch immer an eine renitente Küchenfee erinnern, deren Mutter den Weg nach Amerika nicht freiwillig gemacht hat. Die gemeine Art der Beförderung, die Hast und die enormen Entfernungen machen einen ganz mürbe, und nur der Wunsch, dies Wunderland auch bald wieder zu verlassen, ließ mich den Abend noch nach dem Riesenetablissement Barnums, jetzt Madison Square Garden, gehen. Ein Teil der Stadt wird schon allein durch die splendide Illumination des Etablissements, mit dem der Giralda in Sevilla ähnlichen Turm, gezogen. Ein Saal nimmt 14 000 müder, gelangweilter Leute auf, die garnichts Besseres wollen, als Negermusik, Groteskchargen, dann ein dummes Ballet mit hübschen Mädchen, die wie Zinshähne herumspringen, aber einen ganz besonders austrompeteten Star zur Geltung kommen lassen. Hierauf folgt die Nachtwandlerin mit der weltberühmten Primadonna × ×, dann eine Vaudeville, das einige Prairiebewohner noch nicht kennen, und wieder die schönsten Spezialitäten. Kurz, es ist ein Vergnügen für Kutscher und Kellner, macht ungebührlichen Reklamespektakel in der ganzen Welt und bringt Geld. Nun, für heute ist's genug — gute Nacht!

Mittwoch, 31. Mai. Uff! Daran hatte ich garnicht gedacht! In der Frühe wurde ich durch vier Depeschen von lieben Freunden aus Europa geweckt, die sich nicht hatten verdrießen lassen, pro Wort 1 Mark 50 Pfg. per Kabel mich daran zu erinnern, daß heute mein 68. Wiegenfest sei. Habt Dank, ihr Lieben! So viele Winter haben Schnee auf mein Haupt gelegt und da, wo der Schnee fehlt, mag wohl der Platz für ein paar Rosenkränze gewesen sein! Ich wünschte, es wäre noch dieser liebe Frühling! kann aber doch nicht anders, als der Vorsehung Dank sagen, daß sie mir noch die Möglichkeit gelassen hat, diesen Gang um die Welt zu machen. Ich will artig sein; vielleicht verdiene ich mir dann noch ein paar fröhliche Jahre. Gott geb's!

Wie gestern nach dem Norden, so galten die Ausflüge heute dem Süden. Gestern hatten die Geschäfte geschlossen, und als ob das heute wieder nachgeholt werden sollte, schienen eine Million Menschen auf den Beinen, kommend und gehend in die Bureaus, Hafen und weiß Gott wohin. An jeder Station der Beförderungsmittel wurde Queue gemacht, nur schubweise die Menschensäule herauf gelassen, und nach langem Warten fuhren 6—8 Züge vorbei, wo auch nicht noch ein Apfel hätte hinein gepreßt werden können. Das muß man wirklich selbst sehen, um es zu glauben! Dabei wird kein Wort gesprochen, nichts gefragt, sondern Alles drängt vorwärts zum Gewinn, Geld, Geld, Geschäft, Handel, Risiko: wer fällt, verschwindet, wer gewinnt, ist oben.

Der Kirchhof in

ist eine Art Père la chaise, hat natürlich nicht das ehr=
würdige Alter, ist aber gleich von vorn herein in groß=
artigstem Parkstil angelegt und mit den kostbarsten
Denkmälern geschmückt. Thal und Berg, Seen und
Teiche, alte Bäume und jetzt in Pracht der Blüten
stehende Sträucher umsingen die pietätvollen Stätten so
wohl gepflegt, daß eine Armee von Gärtnern dazu auf=
geboten sein muß, um Alles so sauber und geordnet
herzustellen. Sobald man eine Höhe erreicht hat, wird
die Sammlung des Herzens jedesmal durch den be=
rauschenden Anblick auf das herrliche Panorama mit
New=York in seinem rastlosen Hasten und dem mächtigen
Treiben in den großen Gewässern verscheucht. Im Ruf
des Nebelhorns und Pfiff der Dampfmaschine vergißt
so Mancher, daß alles Jagen das Ende nicht aufhält.
Die meisten hohen Geister, die alle dies Treiben ge=
schaffen, sind gerade hier friedlich schlafend zu finden.
Die da drüben im Dampf der Stadt aber haben wenig
Zeit, darüber zu denken.

Die Brücke, die Brooklyn mit New=York verbindet,
ist die größte der Welt, fast $1\frac{1}{2}$ englische Meilen lang,
so hoch, daß die höchsten Schiffsmasten sie nicht erreichen,
hat zwei Fahrbahnen, zwei Eisenbahnlinien und in der
Mitte einen Fußgängerweg; das Hängewerk, überhaupt
die ganze Konstruktion, ist ein Meisterstück und dabei
elegant, leicht und ein Schmuck für das landschaftliche
Bild.

Im Norden von New-York befinden sich noch die High Bridge, welche unter Anderem die große Wasser=leitung in sich enthält und dicht daneben die großartige Washington=Bridge, gegen die die London=Bridge in London ein armseliger Steg ist.

Im nördlichen Teil der Stadt liegt ein fast 1000 Acres großer Park, mit Hügel und Seen, alten Prachtbäumen, Felsenpartieen, Blumengründen und Wiesen — der Centralpark. Im Westen grenzt er an den Hudson, auf dem dort vor wenigen Wochen die große internationale Kriegsflottenparade stattgefunden hat. Einige Kanonenboote und die Caravellen von Columbus lagen noch dort.

In den späten Nachmittagsstunden fährt die elegante Welt im Centralpark spazieren; da sieht man altmodische Wagen mit sehr mäßigen Pferden bespannt in ein bischen zu viel silberbeschlagenen Geschirren. Ein Neger als Kutscher, der sich bemüht, sehr ernst auszusehen. Im Wagen sitzt ein müder älterer Herr mit grauem Vollbart, hat sich aber den Schnurrbart abrasirt, daneben eine energische Dame in weißem Haar und zwei recht chicke hübsche Töchter in den allerneuesten Pariser Moden, welche leider jetzt die tollste Farbenzusammen=stellung vorschreiben. Alle vier Gesichter sind ernst, farblos und müde. Das Pferd, welches in New-York den allgemeinen Typus darstellt, ist einfach eine Cragge. Verbaut, mit schlechtem Rücken, unschönem Gang, ver=bogenem Hals und verwachsenem, vorgestrecktem Kopf. Aus diesen Tieren kann durch Züchtung nichts ge=fördert werden, und ich würde sie an die Indianer ver=füttern. Ein anderes Bild gewährt der ausgebreitete Trabersport. In jenen leichten, dünnen Hikorybuggis schwirren zahllose Traber durch den Park, sicher auch oft durch Damen gefahren. Auch diese Pferde haben den häßlich vorgestreckten Kopf, auffallend lange, wenig gewickelte Hinterbeine und besseren Rücken. Die schlechten Vorderbeine gehen im Hundetrab, die Hinterbeine machen den Eindruck eines Zirkels — aber diese Unglückstiere gehen oft mit erstaunlicher Schnelligkeit und Dauer.

Die spanische Infantin Eulalia erhält hier die Behörden im Trab. Heute war ihr zu Ehren vor den Fenstern meines Hotels große Parade der Konstabels. Es schien eine Armee zu sein, der Vorbeimarsch dauerte ³/₄ Stunden, und die Leute machten einen vortrefflichen Eindruck.

In zwei Tagen hatte ich soviel Interessantes und Neues gesehen, daß ich am Abend meinte, schon seit Wochen hier zu sein, war aber auch, wie mir die Amerikaner erscheinen, selbst müde, olivenfarben und abgespannt. Ich will mich für meinen Fleiß belohnen und morgen auf dem Hudson nach West Point fahren und nur Natur auf mich wirken lassen, da zwei Theater mich heute Abend nicht zu beglücken vermochten.

Donnerstag, 1. Juni 1893. Früh 9 Uhr wurde einer jener drei Etagen hohen Dampfer mit etwa 1000 Mitreisenden bestiegen, um von New-York bis West-Point den Hudson kennen zu lernen. Dieser mächtige Strom, der an der schmalsten Stelle immer noch so breit ist, wie die Donau bei Pest, aber sich zuweilen bis ³/₄ Meilen verbreitert, ist von waldigen Basaltbergen eingefaßt, und erinnert in seiner Besetzung durch Prachtbauten, Villen, Städtchen und Dörfern sehr an die Gegend von Hamburg bis Flottbeck. Die ganze Szenerie wird mit Recht mit Vorliebe dem Rhein verglichen. Man hört auch ununterbrochen Rufe wie Oberhausen, Lorley, Bingen, Drachenfels, Godesberg,

Rolandsect. Viel würden die Amerikaner geben, wenn
sie die Burgruinen und Legenden in ihrem poetischen
Zauber sich auch hierher kaufen könnten! Das Geld
dazu haben sie, das sieht man überall. Aus dem Ge=
wühl der transatlantischen Dampfer Ferrys, d. h. jener
kolossalen Dampffähren und anderer Schiffe, zieht unser
Riesenschiff nach Norden, und mit den Masten und
Häusern von New=York schwindet mit jedem Druck der
Maschine dieser Weltgeschäftsbegriff und die Hast, und
führt schnell in das herrlichste landschaftliche Bild, welches
man sich denken kann. Es liegt ein Zauber von Licht
und Luft über dem Strom, daß man sich nicht satt
sehen kann und den ganzen Stolz der Amerikaner ver=
steht, wenn sie überall von ihrem Hudson reden. Die
großen Dampfboote gehen bis Albany hinauf, dann
geht das Trajekt durch den großen Kanal in die Seen,
so daß Chicago mitten im Land zugleich Seehafen ist.
Rechts und links des Hudsonufers sausen unaufhörlich
die Eisenbahnzüge hin und her. Güterzüge bis zu
60 Waggons, aber auch Riesenmaschinen mit nur drei
oder vier Pullmann Cars, die von New=York bis
Chicago in 19 Stunden fahren — es ist dies eine Ent=
fernung wie von Berlin bis Petersburg. Hier ist aber
eben Alles im Superlativ.

Auf dem Hudson war, wie schon erwähnt, die
internationale Flottenparade. Die ganze Hudsonszenerie
ist so großartig, daß in dem herrlichen Naturbilde das
Interesse für alles Andere sehr in den Hintergrund ge=
drängt wird. In West Point ersteigt man die Höhen,
um die dortige Militärschule für etwa 300 Offizier=
Aspiranten zu sehen. Die Baulichkeiten ließen eher ein
Kloster vermuten, nur daß sehr übler Pferdestallgeruch
und eine Batterie verrosteter Geschütze, mit Decken über=
hängt, nichts weniger als an fromme Väter erinnerten.

Heute war Musterung durch höhere Vorgesetzte. Am herrlichsten Aussichtspunkt liegt ein Hotel im altamerikanischen Stil, d. h. im Präriebarackenstil in Holz mit Galerien, gelb angestrichen, nebst grünen Fensterläden. Es war für etwa 400 Fremde gedeckt. Man aß ungemütlich, sehr mäßig, von einer Armee von Negern in weißer Krawatte bedient. Der Dampfer, den ich zur Rückfahrt benutzte, war ein schwimmender Luxuspalast. Es gab nur eine Klasse, und jeder Europäer wird durch diese Vermischung der Bildungsschichten verletzt, denn mit herausfordernder Sicherheit flözte sich in die Samtfauteuils zwischen Damen eine Gattung von Oelarbeitern, die ihre Beine sofort auf den Tisch legten und strahlenförmig um sich herspuckten, daß es widerlich anzusehen war. Einer dieser Gemütsmenschen zog sich die Stiefel aus, die ihm unbequem waren, und gewiß wird es auch in den sozialistischen Kreisen bei uns Leute geben, die das herrlich, männlich und nachahmungswürdig finden.

Zwei warme Tage haben hier den Muskito zum Gefühl seiner Kraft gebracht, und man ist unaufhörlich damit beschäftigt, sich dagegen zu schützen, jedoch meist ohne Erfolg.

In der italienischen Oper gab man in New-York Faust, Gioconda und noch ein paar andere Opern; ich glaube, es ist besser, darüber zu schweigen.

Freitag, 2. Juni. Nach hiesigen Zeitungen hatte sich gestern auf sechs Schiffen die Einwanderung auf 5000 Menschen an einem Tage erhoben. Im Allgemeinen schwankt sonst in den Sommermonaten die Zahl auf täglich 3= bis 4000. Von einem spanischen Schiffe sind 11 Einwanderer eigenmächtig ohne Pratika gelandet. Der Schiffskapitän resp. die Besitzer des Schiffs sind zur Strafzahlung von 10 Dollars pro Kopf verurteilt. Es scheint, man geht sehr strenge vor, da man in diesen Tagen hinter große Unregelmäßigkeiten und Bestechungen im Gesundheits=, Zoll=, Polizei- und Eisenbahnwesen gekommen ist. Die Amerikaner waren selig, eine wirkliche Prinzessin Eulalia von Spanien und den Nachkommen von Columbus, den Herzog v. Veragua, feiern zu können — aber es muß nicht zu lange dauern. Von Etikettefragen haben sie auch nicht rechte Ahnung. New=York rechnet aus, daß der Herzog ihr 15000 Dollars kostet und will ihn daher auf der Rückreise von Chicago als Privatmann sich selbst überlassen, die Zeitungen zählen auch schon zusammen, was Alles für die Prinzessin geschehen sei und wünschen, sie säße wieder im Lande der Citronen.

Es erinnert fast an den festlichen Empfang, den Barnum seiner Zeit dem durchreisenden König Kalakaua durch seine Einladungen und Feier in seinem Etablissement bereitete. Der gute Schwarze hatte keine Ahnung davon, daß er als Reklamestück zu höchsten Preisen seinen Gönner bereicherte.

Der heutige Tag war den Museen gewidmet. Man ist in Europa geneigt, den Amerikanern jedes Kunstverständnis abzusprechen, doch thut man sehr unrecht daran. Allerdings hat sich das Bedürfnis nach Vorbildern befestigter Kunstanschauungen erst in letzter Zeit geltend gemacht, doch haben Sammelfleiß und unsinnig viel Geld die Sache bald in Fluß gebracht. Die Sammlungen sind zum Teil Stiftungen, zum Teil durch gewiegte Sachverständige angekauft und bilden in ihren monumentalen Prachtgebäuden den höchst respektablen Beginn von Museen, welche im Wettstreit gegen diejenigen mancher Residenzen in Europa bald im Vorteil sein dürften. Ein Bau wie der für den deutschen Reichstag in Berlin wird hier von den Palästen von einem halben Dutzend hiesiger Zeitungen übertroffen. Die Architekten arbeiten hier mit Hochdruck, könnte man sagen, und haben sich selbst hier Denkmäler gesetzt, die, wenn sie nicht bald umfallen, schon in ihren Dimensionen Erstaunen erregen müssen. Die enormen Flächen sind reich gegliedert und erdrücken niemals den Beschauer. Oft findet man Nachbildungen nach berühmten Mustern, so den Magdeburger Dom in der St. Patrickirche, spanisch maurische Erinnerungen in Madison Square Gardens. Die Bildhauer sollen in Chicago wahrhaft schwunghafte und selbständige Leistungen gezeigt haben. Im Metropolitan-Museum finden Maler Vortreffliches aus allen Schulen. Niederländer und englische Maler des XVII. Jahrhunderts sind ganz erster Klasse vertreten. Im Allgemeinen ist man bestrebt, diese Sache in der Art des Kensington-Museums auszubilden. Die Casnola-Sammlung von Altertümern aus Cypern, eine Uebersicht von Glasarbeiten bis in die älteste Zeit hinauf und Prachtstücke alt-japanischer Kunst sind Sachen, die mit Neid erfüllen müßten, wenn man nicht sähe, daß sie hier ihren Zweck erfüllen.

Im naturhistorischen Museum ist eine herrliche Uebersicht aller nordamerikanischer Hölzer, Steine und Tiere und archäologischer Funde. Die frühe Periode menschlicher Thätigkeit in geschnitzten Knochen und bearbeiteten Steinen erinnert lebhaft an sibirische Völker und läßt stark vermuten, daß die erste Besiedelung der neuen Welt von dort aus geschehen ist, die heutigen Ueberreste nordamerikanischer Indianer etwa die Tungusen als Vettern ansehen müßten. Die Besiedelung der Westküste in Mexiko bis Peru dürfte vielleicht auf demselben Wege über Korea-Alaska geschehen, aber von Völkern höherer Kultur vorgeschoben, und von den sogenannten Indianern nach Süden verdrängt sein.

Wegen der eigentümlichen Bezeichnung Indianer muß man sich an Columbus halten, der in dem Irrtum war, die Ostküste Indiens gefunden zu haben, obgleich er das Festland ja nie betreten hat.

Man hat Recht gehabt, im naturhistorischen Museum einer Gruppe von Büffeln Platz zu gönnen, da diese Tiergattung, die vor 20 bis 30 Jahren noch in Millionen die Prärien beweidete, bis auf wenig Ueberbleibsel ausgerottet ist. Fünf Skelette und ein Ei des Emu, der in Neufundland ausgestorbenen Casuargattung, sind auch aufgestellt. Ein ausgestopfter Moos= Elch von enormer Größe und die gabelförmige Antilope, die allein in Nord=Amerika vorkommt, interessiren durch ihre Seltenheit. In der herrlichen Vogelsammlung paradirt eine nahezu vollständige Gesellschaft von Adlern, welche hier vorkommt, doch konnte ich die merkwürdige Höhlen=Nachtschwalbe von Caracas nicht finden.

Auf der elevated war ich aus Unkenntnis ein paar Stationen hin und hergefahren und war nun halbtot von dem stundenlangen angestrengten Gelaufe. Eine Droschke übelster Güte war so freundlich, mich für vier Dollars auf dem elenden Pflaster in 20 Minuten in mein Hotel zu rütteln. So ist es im eleganten Teil von New=York, je weiter aber man nach der Südspitze vordringt, desto elender und schmutziger werden Straßen und Menschen. Droschken giebt es dort garnicht, sondern nur Geschrei, Geschubse, Welthandel in den Bureaus, Kleinhandel auf den Straßen. Neutomischl ist ein klimatischer Kurort gegen die Bowery. Alles geht auf Raub aus. Mit dem Handel mit alten Hosen wird angefangen und oft ein herrlicher Palast, aber immer ein stilles Grab, beschließen dann den rastlosen Eifer. Auch mein Eifer war heute gekrönt worden. Es war mir gelungen, das so selten gewordene Buch Catlins über die Indianer in schöner alter Originalausgabe aufzutreiben!

Sonnabend, 3. Juni. Daß es heute ein schöner Tag ist, merkt man im Bett schon an den muntern Muskitos, danach muß auch der Tagesplan gemacht werden. Der Vormittag wurde dazu verwendet, sich in das turbulante Geschäftsleben von New=York zu stürzen — den ganzen Broadway bis nach Castle Garden herunter, bei den großen Bureaus der Post, an der Produktenbörse vorüber bis nach Castle Garden. Dann durch die übelsten Judenstadtteile Bowery und Eastquarter zurück. Wenn man im Leben solcher Welt=geschäftsthätigkeit fernsteht, wird man geradezu erdrückt durch die Revolverthätigkeit, Massenanhäufung von Ballen und Menschen, betäubendes Geschrei und die Leichtigkeit, mit der die Verkehrsmittel Alles so geordnet bewältigen. Bei der Ankunft in New=York hat man im Norden der Stadt denselben Eindruck; gegen dieses Ameisengetriebe im Süden fühlt man aber bald heraus, daß im Norden eine Art vornehmer Ruhe herrscht. Dies gilt für das Aussehen der Häuser, Menschen und Parks. Der Cen=tralpark hat auch seine Tage, an denen die vornehme Gesellschaft sich dort einfindet, und da hebt sich auch das Leben in reservirterer Form, in eleganteren Equipagen und „etwas" besseren Pferden. Heute war ein solch eleganter Tag, an dem auch die Prinzessin Eulalia dort erwartet wurde. Anfänglich sollte ihr ein Regiment vorexerzirt werden. Alle Zeitungen aber schrieben Ar=tikel, daß man den Rasen der Freude und Ruhe nicht mit dem Schweiß der Soldateska verunglimpfen sollte, und so unterblieb dies Schauspiel. Der herrliche Park aber wimmelte von fröhlichem, frischem Treiben und machte einen wundervollen Eindruck. Nachdem ich noch

einen Blick in das Metropolitan-Museum gethan, fuhr
ich nach dem ziemlich entfernten Morris-Park, um
einem großen Rennen beizuwohnen. Die Sache liegt
so weit von der Stadt, wie Hoppegarten von Berlin,
und ich lernte bei der Wagenfahrt die hübsche Gegend
schätzen, die nicht ohne Reiz, sehr charakteristisch,
amerikanisch und durchsetzt mit Dörfchen, Villen und
Ansiedelungen ist, daß man sich bald in der Nähe der
Hauptstadt und gleich daneben im Urwald 1000 Meilen
von hier zu befinden glaubt. Der Rennplatz war nicht
groß, etwa sowie der Trabrennplatz in Westend-Berlin,
die Baulichkeiten aber überraschten durch ihre Eleganz,
Solidität und praktische Anordnung. Der Jokey-Klub
hatte ein vierstöckiges Stadthaus mit Allem darin, was
ein Klub braucht. Auch war das Haus im Sommer
dauernd von Klubmitgliedern bewohnt. Daneben war
eine halbgedeckte offene Gartenhalle, Pavillon für von
Mitgliedern eingeladene Fremde und eine Riesentribüne
für etwa 10 000 Menschen, in der fast jeder Platz besetzt war. Der Wagenpark war überraschend klein, doch
vermittelten drei Eisenbahnen die Expedirung der Besucher sozusagen im Handumdrehen. Es wurden sechs
Rennen abgehalten, die je mit 12—18 Pferden besetzt
waren. Es machte die Sache ein wenig den Eindruck
von Reitpferdsport, auch war das Tempo danach und
das Aussehen der Jokeys. Die Bahn war nicht Rasen-
fläche und, obgleich gewässert, beim Rennen in dicker
Staubwolke. Dem Publikum der Tribüne stand eine
sehr große Anzahl von Pagen zur Verfügung, um die
Wetten zu vermitteln, die wie Kometen durch die Gestirne
flogen, aber regelmäßiger zurückkehrten, wie diese ver-
bummelten Sterne. Das Banner der Union, die bekannten Stars and Stripes, ist ja sehr dekorativ, man
sieht es aber auch überall verwendet. In der Nähe

der Rennbahn war sogar eine Kuh damit zugedeckt.
Der Tag wurde noch durch A Trip to Chinatown be=
schlossen, wo in einer ganz lustigen Burleske ein
Dutzend Spezialitäten die Rollen des Stücks ganz toll
spielten und unglaublich gute und gewagte Sachen
machten.

Sonntag, 4. Juni. Heute ist Sonntag. Wer
diesen Feiertag in England schon erlebt hat, wird sich
garnicht wundern, wenn der Sonnabend Abend in seiner
grenzenlosen Ausgelassenheit in die halbe Nacht gezogen
wird. Ins Hotel kehren noch am frühen Morgen die
Menschen zurück, um in erbaulicher Ruhe den Sonntag
im Bad und Bett zu verbringen und die Zeitung immer
wieder von vorne anzufangen, über Kopfschmerzen zu
klagen und auf dem Zimmer viel, sehr viel Brandy und
Soda zu sich zu nehmen. Ob nicht am Ende manche
entdeckte Fehltritte und Abwege die Herrschaft des
Mannes in die Hände der lieben Frau gelegt haben?
Um des lieben Hausfriedens willen geschieht denn nicht
nur Alles, wie es das geliebte Weibchen möchte, sondern
oft artet diese Schwäche in Fanatismus aus, um diese
Schwäche mit seinem Eifer zu verdecken. Auf diese
Weise entstehen Gesetze, welche erst die Allgemeinheit be=
drücken, dann Gewohnheit und Mode werden. Puri=
taner und Quäker hatten in der Zeit der Besiedelung
es so weit gebracht, daß die Sonntagsruhe mit Stock=
schlägen durchgesetzt wurde. In 300 Kirchen wird Sonn=
tags viermal gegen die Schlechtigkeit der Männer ge=
eifert, und die Kirchen sind voll von gläubigen Frauen,
die ihren geprüften Herzen durch immer neue Stiftungen
Luft machen. Der Mann läßt fünf gerade sein, trinkt
noch einen Brandy und Soda und sagt selbst: am
heiligen Sonntag ist es nicht anständig, sich draußen
sehen zu lassen. Das schlechte Volk aber ist schon früh

auf, alle Bahnen und Dampfboote sind überfüllt und nach den Arbeitstagen der Woche sieht man hier so recht sich das Bedürfnis ausdrücken, in frischer, freier Luft und heiterem Leben sich mal einen fröhlichen Tag zu machen. Nur hinaus, ganz gleich wohin, nur um den in Heuchelei verzerrten Muckergesichtern zu entgehen, die für Andere Alles besser wissen — aber selten thun. Ich hätte ja auch diese Sonntagsbetrachtung unterlassen können, es würde dadurch aber eine Lücke in meinen Beobachtungen entstanden sein, die ich gern vermieden hätte. Eine andere, sehr notwendige Beschäftigung müssen sich unsere lieben Frauen wohl noch zwischen dem einen oder andern Kirchgang machen, denn in der heutigen Sonntagsnummer der New = Yorker Staats= Zeitung annonciren 56 Wahrsagerinnen, daß sie aus Hand und Ei und Kaffeesatz usw. für 1 bis 5 Dollars die Zukunft entschleiern, den Gatten fesseln, den Ge= liebten zurückbringen, einen Bräutigam besorgen und sonstigen Rat erteilen. Dorthin wird wahrscheinlich auch mit gefalteten Händen und niedergeschlagenem Blick gegangen.

Zu den Mahlzeiten findet sich Alles pünktlich ein: was man bekommt, ist vortrefflich, die Reihenfolge der Speisen aber sehr ungewohnt. Im Allgemeinen wird, wie schon erwähnt, kein Wein getrunken, sondern nur Eiswasser. Die Bedienung ist unter aller Kritik, und schreibe ich diesen Mangel an verbindlichen Formen nicht der republikanischen Ungezogenheit oder, wie sie hier ge= nannt wird, Unabhängigkeit zu, sondern dem Umstand, daß Trinkgelder hier fremd sind.

Die Hitze öffnet im Hotel die Zimmerthüren und treibt viele Insassen in den mit Fauteuils und Causeusen reich ausgestatteten kühlen Flur. Da liegt denn Amerika über zwei bis drei Stühle ausgebreitet, mit zuweilen ausgezogenen Stiefeln, die Beine hoch in der Luft. Nur Gähnen und Spucken unterbricht die feierliche Stille. Daß die Damen sich nicht von ihrem Pelzkragen trennen, versteht sich von selbst. Er ist zwar nicht nötig, aber es ist Mode. Wenn Herren im Lift sitzen und eine Dame steigt ein, steht Alles auf, den Hut in der Hand. Sowie einer Dame von einem Herrn dessen Platz an= geboten wird, was stets geschieht, setzt sich die Dame hin, ohne sich zu bedanken, oder auch nur Notiz davon zu nehmen. Das Pflaster von New = York befindet sich in dem Stadium, wie ich solches nur in Königsberg im Jahre 1834 gesehen habe. Nach diesem Maßstabe würde New=York wohl erst 1950 zu asphaltirten Straßen kommen. Ich bin dafür, sogleich in Berlin Forckenbeck ein Asphaltdenkmal zu setzen und Diejenigen, welche nicht dafür sind, acht Tage in New=York auf den Straßen spazierengehen zu lassen. Ganz gewiß sitzen diese reni= tenten Opfer dann auch mit ausgezogenen Stiefeln, die Beine auf dem Tisch. Doch stille — so was könnte Mode werden und dann geht's gleich. Wie der Mensch sich an alles Schöne schnell gewöhnt, hatte diese schöne Stadt noch lange nicht das Interesse, aber doch den Reiz der Neuheit verloren, und mit Verwunderung be= merkte ich bei meiner Ordnungsliebe, daß ich fast un= bewußt Alles gepackt hatte, so daß meiner Abreise nichts mehr im Wege stand. Pennsylvanien und Virginien sollte der Ausflug gelten, den Staaten der Auster und des Tabaks.

Schließlich gestaltete der Sonntag sich noch zu einem angenehmen Eindruck von New = York. Das herrliche Wetter, die Blütenpracht und Militärmusik, sowie die Zeitungsnachricht, daß die Prinzessin Eulalia und der Nachkomme von Columbus den Centralpark besuchen würden, hatte eine halbe Million Menschen, die Spalier

bildend oder auf den weiten Rasenflächen an den See=
ufern gelagert waren, dorthin gelockt: die Auffahrt war
glänzend, Equipagen und Toiletten, wie zum grand prix
in Paris, und die Sache hatte den Anschein eines groß=
artigen Volksfestes und versöhnte mich fast mit manchen
zweifelhaften Eindrücken, die ich sonst gewonnen. Da
am Sonntag weder Theater noch Lustbarkeit sein darf,
hatte kein Theater sein gewöhnliches Wochenprogramm
geändert, es stand z. B. in Madisons-Square Garden
über dem Zettel Sacred Music aus Martha. Die Oper
wurde in Balltoilette, das Personal im Halbkreis auf
Stühlen sitzend, mit vollständigem Orchester, ganz wie
sonst, gesungen, und zwar recht gut. Ein Musikfreund
konnte es für einen wirklichen Genuß hinnehmen. Alle
bars und Restaurants und Bierhäuser hatten die
Straßenthür geschlossen. Heute war der Eintritt durch
eine Flurthür und Alles sonst beim Alten.

Durch die Wahlschmutzereien lehrt man ordentlich
die Gesetze zu umgehen. Augenblicklich machen die
Radikalen unglaublichen Spektakel über täglich neu ent=
deckte Unregelmäßigkeiten bei allen demokratischen (d. h.
hier konservativen) Behörden, dann werden die demo=
kratischen Beamten durch Radikale ersetzt, die sich durch
Bestechungen ebenso schnell bereichern lassen, wie ihre
Gegner. Wenn doch Bebel und Konsorten sich mal
diesen Musterstaat ansehen möchten, ehe sie Alles in dies
Fahrwasser trieben! Der Unverstand wird nur durch
Schlechtigkeit regiert, und diese Gattung hat ihr Ideal
erreicht, wenn sie auf Kosten Anderer lebt.

Montag, 5. Juni. Falb hat wieder recht, die
Hitze zeigt heute 28° Reaumur, und von kleinen Ein=
blicken in Läden kehrte man immer wieder in die großen
Räume der Hotels zurück, um sich dem hier so gebräuch=
lichen Genuß des schädlichen Eiswassers hinzugeben.

Das Hotel hat im ersten Stock außer den drei riesigen
Speisesälen sechs Säle, die den Hotelinsassen zur freien
Benutzung anheimstehen. Treppen und Vestibüle sind
in Teppichen, Möbeln und Beleuchtung schon so ein=
gerichtet, daß man Feste dort geben könnte — die Kon=
versationssäle aber stellen manchen Prunksaal in kleinen
deutschen Residenzschlössern in Schatten. Im Grundstock
ist genau derselbe Raum dem öffentlichen Verkehr
bestimmt, und da sind Bureaux, Post, Billetverkauf,
Kabeltelegraphen, Telephon, Lese= und Schreibzimmer,
Zeitungsverkauf, Bibliothek, Lift, die Wände mit Plüsch=
sophas und mit Karten von Amerika ausgestattet. Ein
Riesen=Hotelpersonal ist ununterbrochen thätig, und jeder
Vorübergehende scheint es für durchaus notwendig zu
halten, herein zu treten, die Karten anzusehen, auf die
Erde zu spucken, seine Uhr zu stellen, sich eine Zeitung
zu kaufen, die Liste der angekommenen Fremden zu
sehen und weiter zu gehen. Diese Anhäufung von
dreisten Reportern und schlafenden Passanten, die sich
auch hier zuweilen die Stiefel ausziehen, macht es not=
wendig, daß solche Hotels stets einen besonderen Ein=
gang für Ladys, zuweilen sogar einen für Gentlemen,
haben. Ganz auffallend ist die zahlreiche Dienerschaft
und die ganz unnötige Massenhaftigkeit der Speisen,
von denen die Hälfte fortgeworfen wird. Ich habe
niemals bezahlen gesehen, und nur nach wiederholtem
Drängen bekommt man seine Rechnung, die nicht so
hoch ist, als sie sein könnte. Ich begreife nicht, wie ein
Hotelwirt dabei bestehen kann, und doch sind die meisten
der großen Hoteliers mehrfache Millionäre! Hotel
Nederland, Savoy und namentlich Waldorf sind mit
unsinniger Pracht gebaut, mit Onyxwänden und den
schönsten Luxusmöbeln dekorirt. Die bar im Hoffmann=
house ist zugleich eine Ausstellung recht guter Bilder.

Ich fuhr eine Stunde vor Abgang des Pennsylvanien=
zuges aus dem Hotel, fand aber den Broadway und
die Nebenstraßen so vollgepfropft von haushoch auf=
gebürdeten Wagen mit Lasten für die Schiffe im Hafen,
daß ich dennoch fast den Zug versäumt hätte. Kaum
im Waggon, ging die Sache mit 85 Meilen die Stunde
los. Die riesig langen Pullmann=Cars bestanden nur
aus einem Kompartiment, in dem an den Fensterseiten
je zwanzig drehbare Fauteuils befestigt waren. Zuerst
kam der Buchhändler des trains, offerirte Bücher,
illustrirte Sachen, Zeitungen und Chikago = Andenken,
Lichtbilder und dergleichen mehr; dann brachte ein
Neger Eiswasser, ice creame mit Erdbeeren, dann die
Speisekarte und Karte der Getränke aus dem Speise=
wagen. Kurz, man befand sich wie in Abrahams
Schoß, obgleich ich damit nicht gesagt haben will, daß
Abraham im Schoß ein Pullmann=Car gehabt hat. So
flog der Zug an der großen Bay entlang ins Land,
an Triften, Wiesen, Wäldern, Dörfern, Städten vorüber
über den Delaware und hielt in

in einem schönen großen Bahnhof. Drei Stationen
waren wir schon in dieser Riesen=Quäkerstadt gefahren,
sahen nur zweistöckige, leichte, rote Ziegelsteinhäuser,
eine Bevölkerung, die ausgesprochen provinziell aussah,
nicht gut gekleidet war, und in den Straßen ein so
schmachvolles, schmutziges, schlechtes Pflaster, wie es
heute keine noch so arme Stadt in Masuren sich zu=

muten würde. Es ist einfach zum Beinebrechen! Die Straßen sind quadratisch angeordnet und in jeder gerade-nummerirten Straße fährt die Seilbahn hin und in der daneben ungeraden zurück. Der Verkehr ist überraschend lebhaft. Philadelphia hat so viel Einwohner wie Berlin, nimmt der kleinen Häuser wegen aber einen größeren Flächenraum ein, daher der lebhafte Verkehr aus den Geschäftsvierteln nach der Peripherie. Das erste große Hotel hat provinzial eingerichtete Zimmer. Im Speise-saal aßen etwa 250 Personen, denen von gezählt 84 Negern in Frack und weißer Kravatte servirt wurde. Man hörte schon mehr deutsch als in New-York sprechen. Die elegante Theatersaison war vorüber; die unab-hängigere upper ten thousand hatte begonnen, sich den Seebädern zuzuwenden; um aber sonst den Geschmack der Nachfolger des großen Penn kennen zu lernen, suchte ich unter Leitung eines tüchtigen Gebirgsführers Philadelphia bei Nacht auf. Es gab da ein halbes Dutzend kleiner netter Theater, in denen die elendesten Mätzchen gemacht und sehr beklatscht wurden, bis wir endlich in ein Lokal gerieten, wo große Konkurrenz der besten price fighters stattfand. Nach alle dem ewigen yankee doodle, sailor dance und flying Highland und dem fortwährenden Raisonniren über die Ausstellung in der Stadt der Winde, Chikago, war hier doch was Wirkliches zu sehen, das waren nicht nur dressirte Känguruhs, sondern „Gentlemen", die für 50 Dollars sich die Knochen im Leibe zerboxen. Jeder Kampf hatte drei Gänge. Sachverständige Richter zählten die Points und entschieden den Sieg. Der erste Kampf war für den, der das zum erstenmal sieht, ziemlich instruktiv, da die beiden Kämpfer nicht gleich waren: der schwächere sehr nervös, unruhig und stets im Angriff, der andere stärkere ruhiger, mehr abwehrend und mehr wie ein

Lehrer arbeitend. Im zweiten Kampf aber traten ziem=
lich gleich starke und gewandte Kerle auf, denen es
durchaus ernst war, sich die 50 Dollars zu erwerben
und außerdem gegenseitig einen Krakehl miteinander
auszutragen. Die Angriffe waren, wie es schien, auf
Tod und Leben, so daß das ganze Publikum sich erhob
und der weibliche Teil hinauslief. Beim ersten Schlag
schien dem Gegner die Haut vom Hals, wie eine Hand
groß, abgerissen; das Blut kleckerte, wie man sagt. Der
erste Gang endete damit, daß der Blutige dem Gegner
dermaßen in die Kinnbacken stieß, daß der Getroffene
wie ein nasses Handtuch zusammenklappte; aber auch der
Sieger kam ins Taumeln, so daß Beide nebeneinander
fast ohne Besinnung lagen. Die Sekundanten sprangen
dazu, Beide wurden aufgerichtet, sie durften auf dem
Knie des einen Sekundanten sitzen, während der andere
mit einem Tuch ihnen Kühlung zufächelte. Nach wenigen
Minuten begann der zweite Gang, in dem der Blutige
nach ein paar Meisterangriffen ausglitt und zu Boden
geschlagen wurde. Im dritten Gange krachten die An=
griffe mit einer Kraft und Energie und persönlichen
Wut, daß ich das Einschreiten der Polizei für notwendig
erachtet hätte. — Da aber der am Orchester stehende
Beamte selbst hoch gewettet hatte, rief er laut seinem
favorit ermutigende Worte zu. Das ganze Publikum
war wie aus dem Häuschen und jubelte vor Entzücken.
Zuletzt setzte es einen Schlag auf den Schädel, der so
klang, als ob ein alter Topf zerbrach, und beide Kämpfer
knieten wie ohnmächtig am Boden. Als der Vorhang
gehoben wurde, um dem Verlangen des Publikums
nach diesen „Helden" zu genügen, sah man den Einen
forttragen — der Blutige verneigte sich geschmeichelt,
man hatte aber den Eindruck, daß er einem zweiten
Hervorruf nicht mehr zu folgen im stande gewesen wäre.

Man erlasse mir weitere Betrachtungen über diesen
Sport! Ich machte den Versuch, um 11 Uhr abends
mein Hotel zu erreichen und bewundere mich, daß ich
meine Absicht durchgeführt habe. Solch schmachvolle
Straßenbeleuchtung, solch empörendes Pflaster, solcher
Schmutz, solche Jammer = Nachtbevölkerung ist in Tsche=
meschuo nicht zu finden. Pfui, Philadelphia! Pfui!
Dabei giebt es ein paar Hauptstraßen mit ganz hübschen
Magazinen, ein paar anständige öffentliche Gebäude
und ein Bazar, der dem bon marché in Paris nichts
nachgiebt. Eine Stadt, die so wenig auf ihr anständiges
Aeußere hält, hat gar nicht das Recht, Weltausstellungen
auszuschreiben, wie Philadelphia das vor einigen Jahren
that. Jammernest! Ich will mit dem nächsten Zuge
fort! Möchte mir kaum noch die guten Seiten der
Stadt ansehen! Solches Pflaster sollte man in Museen
aufbewahren. Pfui, Philadelphia!

Dienstag, 6. Juni. Vor Hitze, Muskitos und
Straßenspektakel war man kaum eine Stunde zur Ruhe
gekommen. Früh saß ich im Wagen, erstaunte über die
Prachtbauten in Banken und öffentlichen Instituten,
sah darin, mit welcher ungezügelten Naturkraft die
jungen Architekten, gestützt auf ernstes Studium, sich
gegenseitig im Besonderen und Absonderlichen zu über=
bieten bestrebt sind. Es giebt kaum eine Stilart, die
nicht vertreten, aber viele, in der alle vertreten sind nach
Willkür und dem Erfolg der Wirkung. Das ungemessene
Geld legt ihnen auch durchaus keine Schranken auf,
und da erblickt man denn auf Schritt und Tritt ganz
unerhörte, fast unmögliche Bauwerke, die Alles in
Schatten stellen, was man bisher gesehen. Unsere Archi=
tekten in Deutschland erscheinen dagegen wie Schul=
meister, die Alles wissen und auch Alles richtig machen,
es aber nicht annähernd zu solcher Wirkung bringen.

Wannemacker, ein früherer Geistlicher, den die Liebe verhinderte, Seelsorger für Andere zu sein, hat hier einen Universal = Bazar, der dem Pariser bon marché weder an Größe noch an Inhalt nachsteht. Oben im vierten Stock ist die Zahl= und Quittungsstelle von etwa 40 Mädchen, die Dein Geld zum Wechseln besorgt; denn Rechnung zum Quittiren wird durch pneumatischen Druck zugeschickt und wird im Augenblick wieder fertig zurückbefördert. 4000 Mädchen bilden die Armee der Verkäuferinnen. Im Magazin wimmelt es von Menschen und man begreift nicht, daß es Damen giebt, die bei dem Straßenjammer sich immer noch elegant kleiden. Der frühere Ausstellungsplatz ist verödet und einsam, nur der eiserne Turm mit Aufzug giebt Gelegenheit, die traurige Quäkerstadt zu überschauen.

Doch nun fort! Ein Luxustrain der Pennsylvania= bahn führte mich mit 85 Meilen in der Stunde nach Süden weiter. Eine Riesenlokomotive, ein Wagen, halb Küche, halb Bagage und zwei Pullmann = Cars sausten über die Schienen, daß man nicht denken konnte, mit ganzen Knochen davon zu kommen. So ging es durch eine Landschaft, die Thüringen nicht unähnlich war, an den Vorbergen der Alleghanys entlang dahin, ab und zu an einer Ansiedlung, wie an einem Dorf, vorbei. Die Forsten haben etwa vierzigjähriges Holz, meistens Laubholz, das sich selber angewachsen hat. Nirgends sieht man junge Kulturen, nur hier und da ein paar alte Riesen unter den Bäumen. Es scheint eine wilde Raubwirtschaft zu sein, die das Land bereits sichtbar geschädigt hat. Der Feldbau ist gering und ungeregelt, wie es scheint, aus Mangel an Arbeitskräften. Die Ansiedelungen bestehen erstens aus einer Eisenbahn, welche dort hinführt, dann aus einer Lokomobile, die Alles machen muß: Holzschneiden, den Pflug ziehen, dann entsteht ein Kartenhaus aus Brettern mit Veranda und grünen Jalousien. Ein Windmotor schafft Wasser, zwei Kühe und ein paar Pferde leben Winter und Sommer in der Koppel, und nun werden kleinere Grund= stücke abgetrennt, mit Riesenbuchstaben zum Kauf, zur Miete, auf Rente und zur Probe ausgeboten. Frau und Kinder machen an den Verkaufsstellen Blumenbeete, und wenn der Eisenbahnzug vorüberfährt, suchen sie in Glück und Zufriedenheit zu erscheinen. Der Mann in Schnepfenstiefeln, wollenem Hemde und breitkrämpigem Hut liegt bei Brandy in der nächsten Stadt, annoncirt in allen Zeitungen und bestellt die buntesten Plakate. So geht es jahrelang, bis eine comp. kommt, für einen Spottpreis sich aus einigen 1000 Morgen alle brauch= baren Bäume herausschneidet und ein paar Apotheker, die sich aufs Land begeben wollen. Nun ist unser An= siedler ein gemachter Mann. — Wir überschreiten den Delaware und dann den Susquehanna, einen Fluß, der es mit der Donau bei Linz reichlich aufnimmt; wir aber gedenken unserer Jugendphantasien, durch Kapitän Marryat entzündet, halten zum Fenster Ausschau, ob nicht irgend Etwas von den Mohikanern oder dem long carabine zu sehen ist — es war aber Nichts zu sehen. Der ganze Zug fährt sodann auf eine Fähre, um uns über einen Arm der Chesapeakebay nach Baltimore zu bringen. In Philadelphia hatten wir zwei russische Kriegsschiffe gefunden, die in New=York auf dem Hudson die internationale Flottenparade mitgemacht hatten. Hier in Baltimore lagen zwei italienische Korvetten. Vom Norddeutschen Lloyd lag die „Weimar" zur Abfahrt nach Genua bereit. Telegraphisch war die Nachricht von dem Unfall, der das Schiff „Wilhelm II." m Hafen von Genua betroffen hatte, eingelaufen. Obgleich die Hitze unerträg= lich geworden war, wir seit einigen Tagen 28° Reaumur gehabt hatten und uns am 6. Juni in der Breite von Neapel befanden, machte die ganze Natur einen nordischen Eindruck und war dem Berliner Frühling um vier Wochen nachgeblieben. Erst gegen Washington hin trat wieder geordneter Ackerbau auf, obgleich die wilde Wald=wirtschaft und Weideland immer noch vorherrschen. Die Chesapeakebay ist eine einzige kolossale Austernbank und wird gegen eine Abgabe von ein paar Dollars an die Regierung an jeden Beliebigen für die Monate mit r zur Abwirtschaftung verpachtet. Eine Flotte von 1200 kleinen Austernfischern bringt ihren Fang auf etwa 100 sogenannte Sammelschiffe, welche gefüllt ihre Ladung so schnell als möglich zu den großen Austernverlegern nach den Küstenstädten bringen. Ich wage kaum die Zahl der Millionen Austern, welche verbraucht werden, anzu=geben, diese sind hier durchaus kein Luxus, sondern Nahrungsmittel. Aus dieser Quelle stammen denn auch alle in Europa sonst bekannten Austern. Da die europäischen Bänke schon lange nicht mehr die verlangte Lieferung decken und jährlich von der klugen Verwal=tung aufgefrischt werden müssen, ist die amerikanische Auster aus der Chesapeakebay, die uns oft unter anderem Namen wohlthut.

Je mehr man sich dem Süden nähert, desto mehr tritt die dunkle Hautfarbe in den Vordergrund. Nicht allein die Feldarbeiter und die Bedienung wird allgemein schwarz, sondern auch bemittelt gewordene Neger fühlen sich als freie Bürger, unabhängig und stolz. Die Civili=sation hat in ihnen jedoch den Hang nach extravaganten hellen Farben nicht unterdrückt. In mehreren Süd=staaten Nordamerikas sind sogar mehr als die Hälfte der Senatoren, ja selbst der Präsident Neger, und es zeigt sich hier wieder so recht deutlich, wie der politische Unverstand und der Parteihaß der Weißen lieber einen

Neger als Richter und Gouverneur sehen, als einen
Weißen, der nicht ihrer Partei angehört. Genau so
wie bei dem elenden Parteigeschachere in unserem eigenen
parlamentarischen Leben!

Mittwoch, 7. Juni. Es giebt wenig Städte in
der Welt, die von vornherein gleich mit festem Entwurf
zur Hauptstadt angelegt wurden, wie Karlsruhe und

Natürlich ist Washington wie alle größeren Städte in
Nordamerika quadratisch nach den Himmelsgegenden
trassirt. In diesen Rahmen aber sind wie in Karlsruhe
Sterne und Fächerstraßen und große Parts eingeschnitten,
woraus zahllose Sternplätze, breite, mit Bäumen und
Promenaden besetzte Avenuen und Hauptstraßen ent=
standen sind, die in Architektur und Aussicht der Stadt
viel Abwechselung verleihen. An den Hauptpunkten
prangt in unvergleichlicher Großheit und Harmonie das
Kapitol, ferner das „weiße Haus", das Patentamt und
die wesentlichsten Regierungsgebäude. Jedes einzelne
in vornehm ruhigem, solidem Ernst. Nicht ein einziges
Schreckgespenst von zwanzig Stock hoch stört den Frieden
der ganzen Stadt; sie ist das Gegenteil von New=York.
New = York hastet, arbeitet, schafft, drängt, hier in
Washington wird verwaltet, organisirt und alles wo
anders Erfundene und Gedachte sanktionirt. Washington
scheint sich innerlich seines Wertes bewußt zu sein und
es nicht nötig zu haben, sich zu bemühen: das öffent=

liche Leben zeigt etwas Holländisch-Konservatives. Es sind auch Gesandte da, und im Repräsentantenhaus sitzen gegen 700 einflußreiche Männer aus allen Vereinigten Staaten — aber man möchte sie nur fragen: warum sie hier ihre Zeit vertrödeln, da ja jetzt in New = York, in Chikago und San Francisko eine Menge Sachen vor sich gehen, von denen man hier wenig redet? Sollte Washington wohl immer noch die Hauptstadt sein? Nun, wie es auch sei, also vorwärts! Hinein in den Strudel! . . . . Ich sage ja nur, was ich sehe und wie die Sachen mir erscheinen! Vielleicht ist es auch anders! . . . .

Obgleich in einem großen Hotel untergebracht, wurde mir der Aufenthalt in Washington nicht angenehm durch unbequemes Zimmer, laue Bedienung und sehr schlechte Küche. Die Stadt macht einen überaus gelang= weilten Eindruck; die Straßen sind menschenleer, nur die Regierungsgebäude scheinen wie aus Versehen sich da zu befinden. Das Kapitol ist eines der imposantesten Gebäude der Welt und verdiente, in Berlin zu stehen. Das Auge weidet sich an der Harmonie der Verhält= nisse und wendet sich von der fast 400 Fuß hohen Kuppel zu den Säulenfronten, den Treppenanlagen und wieder zur Kuppel hinauf, und wo man sich auch in der Stadt befinden mag, man sucht immer wieder den Anblick dieses herrlichen Bauwerks. Das Innere ent= spricht nicht ganz den Erwartungen, und man fühlt so= fort, daß hier die Schuld daran der kurzen Regierungszeit des jeweiligen Präsidenten zuzuschreiben ist. Der Präsi= dent ist ein Machwerk unnatürlichster Wahlagitationen. Er wird von seiner Partei nur durchgetrieben, um irgend einen unbeliebten Gegenkandidaten nicht ans Ruder gelangen zu lassen, und kaum hat er seiner Partei den Dank dadurch abgestattet, daß er die Haupt-

schreier in fette Posten gesetzt hat, so ist seine Wirksam=
keit auch schon vorüber, und um dann von der Gegen=
partei nicht der Verschwendung angeklagt zu werden,
geschieht eben so viel wie Nichts was von bleibender,
segensreicher Dauer sein könnte. In der Politik auch
täglich neue Ueberraschungen, wie in der Baukunst und
dem Verkehrsleben! Die Kinleybill, die Chinesen=
Ausschließung und alle Augenblicke neue Ungeheuerlich=
keiten!

Im Innern des Kapitols ist Vieles aus Gips,
was aus Marmor sein sollte, und Vieles gemalt, was
Skulptur sein müßte. Der große Saal für die Sitzungen
der Volksvertreter ist unansehnlich, und gefüllt soll er
nicht immer sehr würdig sich zeigen. Kurz, ich empfehle,
sich mit dem Aeußern des Palastes zu begnügen, man
wird einen bleibend erhebenden Eindruck davontragen!
Vollständig harmonirend mit dem Kapitol steht zu Ehren
Washingtons ein Obelisk von weißem Marmor, 150
Meter hoch, in der Welt nur noch vom Ulmer Dom=
turm durch einige Fuß überragt. Auch dieses merk=
würdige Denkmal wirkt durch seine Einfachheit gewaltig
auf den Beschauer. Bei nicht klarem Wetter verschwindet
die Spitze in den Wolken. Der Gedanke löst sich vom
Zweck und vom Boden, baut philosophisch=aesthetisch aus
dem Leben bis in eine höhere Welt. Da aber nicht
viele Leser geneigt sein möchten, mir dahin zu folgen,
selbst wenn es in einem lift wäre, führe ich ihn nach
dem Patentamt, wo eine halbe Million patentirter Mo=
delle zum Studium ausgestellt ist. Da es unmöglich
ist, Alles zu wissen, sogar Alles zu sehen, wandte ich
meine Aufmerksamkeit speziell nur den Revolver= und
Repetir=Gewehrmodellen zu, die des Interessanten schon
mehr als genug boten. Im Reichspostgebäude, wo
durch vier Stockwerke Alles bei offenen Thüren und

sehr leicht bekleidet arbeitet, fielen mir die außerordent=
lich zahlreichen Mädchen auf, die als Beamte dort be=
schäftigt waren. In einem Saale wurden soeben 45 000
Briefe mit unbestellbarer Adresse, tausende ohne Adresse,
amtlich geöffnet, um, wenn möglich, den Absendern
wieder zugeschickt zu werden. Im botanischen Garten,
der höchst interessante und lehrreiche Sachen enthält,
hatte man am 6. Juni noch nicht gewagt, die tropischen
Pflanzen heraus zu bringen. Täglich um 1 Uhr hat
der Präsident im Weißen Hause öffentlichen Empfang.
Die Fremdenführer bringen auch oft die Fremden dort=
hin in grauem Anzug mit Regenschirm und Strohhut.
Sie sagen dem Präsidenten guten Tag — er fragt, ob
sie das erste Mal in Amerika sind, drückt ihnen die
Hand und wendet sich zum Folgenden. Diese Ceremonie,
zu der ich lebhaft aufgefordert wurde, widersprach aber
meinem Gefühl, und ich werde wohl das Land der
großen Dimensionen verlassen, ohne mit seinem Präsi=
denten shake hands gemacht zu haben.

Am Tage, als Amerika die Gräber seiner Kriegs=
opfer schmückte, war ich in New=York angekommen, hier,
in Washington, sollte ich wiederum zwei Etablissements
sehen, die der Dankbarkeit des Landes zum Ruhme ge=
reichen. Das erste war ein Riesenhaus im Barnumstil,
das nur einen Festsaal mit Gallerien bildete für
nationale Feste. Es war dies das Pensionshaus. Ein
schöner Greis, den ich irgendwo schon mal gesehen haben
mußte, bot mir Photographien und Erinnerungen an,
später hörte ich, daß er der einzige noch lebende Nach=
komme von Washington sei, und nun erst fiel mir
die merkwürdige Aehnlichkeit mit dem gefeierten Be=
freier auf.

Das zweite Etablissement ist das eine halbe Stunde
von der Stadt in herrlichem Park liegende Schloß

soldiers home, das mit seinen Dependenzen 700 Veteranen eine Ruhestätte bietet. Es soll unter den Alten da oft recht kriegerisch hergehen, doch sehr ohne Grund, da sie Alles — selbst Langeweile haben. Von der Höhe des Veteranenschlosses hat man den bezauberndsten Blick auf den wohlgepflegten Park, der sich fast ununterbrochen bis durch Washington hindurch an die Ufer des Potomak zieht; überall findet das Auge die Kuppel des Kapitols oder den Obelisken. Man wird nicht müde, immer aufs Neue durch die schön gehaltenen Anlagen, Straßen mit Vorgärten und Parks zu fahren, um so mehr, als Washingtons bereits asphaltirte Straßen eine Länge von 250 Meilen betragen. Menschen aber sieht man nicht! Das National = Museum enthält einige auf Amerika bezügliche Kabinettstücke ersten Ranges, wie die Gruppen des Indianerlebens sowie des Tierlebens. Die Reliquien der Vaterlandshelden nehmen keinen kleinen Raum ein.

Im Smithsonian = Institute findet man meist prä= historische Modelle von Ausgrabungen und wunderbar schöne Obsidianwerkzeuge, wie sie kein Museum der Welt der Art haben dürfte. In Anregung des Pro= fessors Virchow suchte ich nach prähistorischem Kupfer und traf, wo Alles fehlte, immer auf Ersatz aus dem Mexikanischen, das meinen Wünschen nicht genügen konnte. Der berühmte Thomas Wilson, den ich zu Hilfe rief, war mir eine höchst interessante Begegnung; unbeschreiblich liebenswürdig und entgegenkommend, sah ich, durch ihn geleitet, mehr prähistorische amerikanische Sammlungen, als ich zu finden geglaubt hatte. Es freut mich, ihm meinen Dank dadurch abstatten zu können, daß ich die wissenschaftlichen Beziehungen mit Virchow ihm vermitteln konnte.

Da der deutsche Gesandtschaftsposten zu einer Bot=

schaft herangewachsen war, hatte der frühere Gesandte v. Holleben seine ihm noch in Amerika bemessene Zeit benutzt, um sich nach Chikago zu begeben. Obgleich die beiden hier zurückgebliebenen Herren v. Kettler und v. Mutzenbecher mir werte Bekannte sind, vermied ich es, in dem diesjährigen Strom der lieben Landsleute ihnen zur Last zu fallen, trotzdem ich annehmen mußte, daß sie in dem schönen Washington die ärgste Lange= weile haben würden. Mein Aufenthalt in der Landes= hauptstadt war ursprünglich für länger gedacht. Der Trieb der Selbsterhaltung aber ließ mich beschließen, morgen nach dem turbulenten Sodom New=York zurück= zukehren, denn hier wäre ich melancholisch geworden.

Donnerstag, 8. Juni. Ich fange an, im Kampf mit den Muskitos zu unterliegen. Trotz Schleier, Wedel, Essenzen, Räucherkerzchen und Mordwaffen aller Art sehe ich schon aus, als hätte ich die Masern. Dabei gewahre ich, daß Andere sich weniger gepeinigt fühlen. Ich muß den Bestien ein Leckerbissen sein! Ich sagte gestern, daß ich keine Bekannte gesehen hätte; das war aber nicht ganz genau, denn im botanischen Garten fand ich in großer Zahl und zum tiefen Kummer der Gärtnerin den erst vor fünfzehn Jahren aus Scherz eingeführten europäischen Sperling, der jetzt hier schon den dreistesten Yankee an herausfordernder Unabhängig= keit übertrifft. Dieser Einwanderer ist von allen deutschen Schicksalsgenossen am unverändertsten geblieben. Ich freute mich, den frechen Spatz hier wieder zu finden. Der Mensch gewöhnt sich an Alles. Von den 200 000 Einwohnern von Washington sind 70 000 Farbige, und da die letzteren, wie bei uns die Juden, das Bedürfnis haben, mehr auf der Straße als zu Haus zu leben, macht die Stadt den Eindruck einer überwiegenden Negerbevölkerung. Washington lebt nur in der Zeit der

Parlamentssitzungen. Dann ist die Stadt überfüllt, elegant; ohne das parlamentarische Leben ist kein Verkehr, und Alles scheint in Schlaf versunken. Ich sehnte mich nach dem Gerudere von New = York zurück und setzte mich deshalb in einen Pennsylvanien = Blitzzug. Im Pullmann=Car flog man an den reizenden, schönen und verwahrlosten Gefilden vorüber, wir durchfuhren mit drei bis vier Stationen noch einmal das schmutzige Philadelphia und trafen wohlbehalten in New=York ein. Im Hotel wie alte Bekannte begrüßt, fand ich liebe Briefe, mit denen ich mich beglückt zurückzog.

Freitag, 9. Juni. Noch in der Nacht wurden alle Korrespondenzen abgeschlossen und expedirt, da am andern Tage das Lloydschiff „Elbe" nach Bremen zurückging. New = York war mir nach dem Ausflug in den Süden ein lieber Ort geworden. Man wohnte, lebte wieder menschenwürdig, sah lauter Bekanntes um sich her und war nicht mehr fremd. Wie zweckmäßig es aber ist, Tagebuchnotizen wie diese gleich im ersten Eindruck zu machen, zeigte sich so recht bei der Rückkehr hierher, da Vieles, was zuerst befremdet hatte, heute natürlich erschien. Die Koffer wurden umgepackt, vereinfacht; der Stuhl an Palacehotel nach San Franzisko geschickt, um auf der langen Ueberfahrt nach Japan wieder in Dienst zu treten. Die Bemühungen, einen bekannten Herrn W. aus Magdeburg zu begrüßen, schlugen fehl. Am selben Tag war auch Hesse=Wartegg, dem ich so viel Informationen über Amerika verdanke, nach Europa zurückgereist. Es war in dieser Woche neben täglichen Rennen eine große Pferde=Ausstellung, die 800 Pferde aus den Staaten um New = York vereinigt hatte. Tribünen, Pünktlichkeit und Ordnungs=Kataloge, und was überhaupt zu den äußeren Notwendigkeiten gehört, war geradezu mustergültig. Weil

ich bei meiner erſten Ankunft einen ungünſtigen Ein=
druck von dem Pferdebeſtand gewonnen hatte, ging ich
bei der Beſichtigung der Ausſtellung ziemlich gründlich
zu Werke, um nicht ungerecht zu ſein. Ich möchte auch
nicht geradezu verurteilend richten, da man von einer
Pferde=Ausſtellung in ſolchen Entfernungs=Verhältniſſen
niemals eine rationelle Vertretung der Zucht in den
verſchiedenen Staaten erwarten kann, und ſo muß ich
denn ſagen, daß die Spekulation eine Menge tüchtiger,
brauchbarer Pferde zuſammengebracht hatte, die aber
durchaus kein Urteil auf die Landeszucht und ihren
eigentlichen Charakter, ihre Werte und Wünſche zuließ.
Die guten, jungen Pferde hatten faſt durchweg eine
Handbreit längeren Rücken als nötig war, doch gab es
in der Maſſe von 800 Pferden auch recht tüchtige Tiere,
ſie ſchienen aber durch Händler zuſammengebracht und
hatten, geritten oder gefahren, ſehr hohe Preiſe. Von
9 Uhr früh bis $6^{1}/_{2}$ Uhr wurden alle Halbe= oder
Viertelſtunde andere Kategorien vorgeſtellt, geprüft und
prämiirt. Für die Springpferde waren ganz enorm
hohe, feſte Hinderniſſe gebaut, die in langſamem Tempo,
aber ſehr anerkennungswert geſprungen wurden. Füllen
wurden an der longe gezeigt, Reitpferde von Herren
und Damen unter dem Sattel, die Renntraber im Bulk
mit den niedrigen Rädern, Dog-carts einſpännig und
als Tandem und eine Anzahl Park Teams four-in-hand
(Mail - coaches). Was ich auch geſehen hatte, war ſehr
ordentlich in hübſcher Haltung und beſſer vorgeführt als
ich es irgendwo ſonſt wahrgenommen — aber ich hatte
kein Pferd geſehen, das ich zu haben wünſchte. Die
Pferde im Bulk waren, ſo viele ihrer auch da waren,
alle verſchieden, ſo daß man, trotzdem ein paar Tiere
ganz überraſchend ſchnell trabten, keinen rechten Ein=
druck beſtimmter Zuchtprinzipien gewann.

Am Abend wurden die hippologischen Studien im American-Theater fortgesetzt. Dort gab eine Londoner Gesellschaft The Prodigal Daughter. Das Stück beginnt im Lichthof des Grand-Hotels in Paris, und vier bis fünf Equipagen und Droschken bringen und fahren Fremde in Wirklichkeit über die Bühne. In einer andern Scene kommen in den Hof eines Trainir-Etablissements zehn Rennpferde unter Decken von der Arbeit, dann sieht man im Innern eines Stalles die Pferde in boxes stehen, und schließlich findet ein Hindernisrennen auf der Bühne mit zehn Jokeys in Farben statt, wobei ein Jokey jeden Abend über die Hecke in den Wassergraben stürzt, daß das Wasser bis ins Parkett spritzt. Alle diese Sachen waren reizend und so eingeschult, daß das Publikum in lebhafte Sport-passion geriet. Sehr nett und unerwartet war es zu sehen, wie das ganze Publikum den Bösewicht und Be-trüger leidenschaftlich auspfiff und beschimpfte, obgleich diese Rolle sehr gut besetzt war, und die Tugend durch Beifall belohnte. Es erinnert mich dies an die persischen Hassanspiele, bei denen es oft vorgekommen ist, daß das tief ergriffene Publikum den elenden Mörder des Hassan zur Strafe lynchte. Die Rolle wird auch meistens von Verbrechern übernommen, die, wenn sie mit dem Leben davonkommen, meist begnadigt werden.

Sonnabend, 10. Juni. Ein französischer Be-richterstatter schreibt aus Berlin, daß die Hauptstadt der Preußens sich stark amerikanisire. Mir ist dieser Gedanke auch schon stark entgegengetreten, da ich hier, wie in Berlin, unausgesetzt aufgerissene Straßen, neue Leitungskanäle, Gerüste und ewiges Hämmern bemerkte. Die Bauten sind auf Eisen basirt. Nachdem zuerst ein Rahmen von Eisen bis in die Lüfte die äußere Form des neuen Baues wie ein Spinngewebe darstellt, werden

dann die Felder mit Holzplatten sehr nett ausgefüllt,
an die sich eine dünne Schicht Luftsteine anlehnt.
Aeußerlich bekommt die Front dann die Zeichnung von
Marmorblöcken, innerlich alle denkbaren Liste und elek=
trischen Anschlüsse, und über Nacht ist das Haus fertig
und auch bezogen. So entstehen entweder die zwanzig=
stöckigen Sensationspaläste auf teurem Baugrund, oder
in Straßen, in denen der Baugrund billiger ist, reihen
sich nach englischen Vorbildern hunderte von dreistöckigen
Familienhäusern eins wie das andere aneinander: der
rote Ziegelbau oder Anstrich mit dem Treppenaufgang
zur Hausthür erinnert noch lebhaft an die holländische
Kolonie Neu=Amsterdam, welche bei der Besitzergreifung
der Engländer nach dem damaligen Kronprinzen, dem
späteren König Karl II., Herzog von York, in New=
York umgetauft wurde. Der schottische Titel Herzog
von Albany hat in der Stadt am Hudson sich hier
befestigt.

Es brennt viel in Amerika, und wo es gebrannt
hat, liegt das Haus in schwarzen Trümmern, als ob
eine Schachtel durch Feuer zerstört ist. Wegen der zahl=
reichen lifts verbreitet sich das Feuer fast gleichzeitig in
alle Stockwerke und macht die Rettung der Menschen
schwer, oft unmöglich. Infolgedessen giebt es hier sehr
strenge Vorsichtsbestimmungen, die sehr zweckmäßig sind,
aber dem Haus nicht zur Verschönerung gereichen, denn
die Vorderfront ist durch ein System von eisernen
Leitern und Rettungsbalkons von Etage zu Etage über=
zogen, die, wie in Philadelphia, sogar so angelegt sind,
daß sie wie ein Schmuck der Front wirken sollen.
Feuer= und Lebensversicherungen sind denn auch alle
zehn Schritt zu finden. Das brennende Haus brennt
denn auch jedesmal aus, und es ist schon viel, wenn die
sehr gute Feuerwehr das Feuer auf den einen Punkt

beschränkt. — Der heutige Tag wird noch benutzt, um an alle Orte zu fahren, die mir gefallen haben. Denn morgen früh habe ich bereits meinen Platz im Pull= mann Parlor Car, der mich am Hudson entlang nord= wärts nach Buffalo und dem Niagara bringen soll. Es weht einen etwas klassisch an, wenn man an Rom und Syrakus vorbeifährt; Rom ist aber nicht die Stadt der Könige der Weltherrschaft, der Päpste, des Michel Angelo, die cita degli chiesi, sondern hier in Amerika durch Käsefabrikation im Großen bekannt. Syrakus versorgt den Norden mit Salz, und der Tyrann heißt nicht Hieron und stiftet Helme nach Olympia, sondern schmückt die Stadt mit Asphalt, Parks und elektrischen Bahnen. Die Zeiten ändern sich. Auch Buffalo hat nichts mehr mit den Büffeln zu thun, die dort zur Tränke gingen, auch nichts mit Buffalo Bill, sondern ist eine, sogar amerikanisch genommen, moderne Stadt von fast 300 000 Einwohnern, mit allem Komfort, allen Erfindungen, allen Ansprüchen der Neuzeit und einem Treiben, das an Philadelphia erinnert. Buffalo bildet eine Hauptarterie des Transits aus den Seendistrikten zu den Häfen des altaelischen Litorals und steht und fällt mit der Macht von Chikago.

Wie man doch an Alles denken muß! Die einzige Möglichkeit, sein Gepäck zu expediren, ist durch die Expreß=Kompagnie; die schließt aber Sonnabends ihre Bureaux schon um 3 Uhr und Sonntags ganz. Sonn= tags wird im Pullmann = Car kein Wein verabfolgt, es dürfen keine Karten auf den Tisch kommen, selbst nicht zur Patience. Bei Kolumbia ist der Zug von sechs Cowboys ausgeplündert; in Washington das Haus ein= gestürzt, in dem die armenärztlichen Bureaux mit 500 Menschen untergebracht waren; es gab über 20 Tote und 60 Schwerverwundete. Diese Sachen werden ein=

sach als Notiz gebracht, aber in drei Spalten geifert die Entrüstung der edlen Republikaner, daß der Stadtvater von Chikago zum Empfang der Prinzeſſin Eulalia ſich einen Chlinder gekauft, den er nie beſaß, und ſich, um ſie in der Ausſtellung umherzuführen, einen Frack angezogen hat. Er ſcheint die Würde der Nation arg beeinträchtigt zu haben! Die kindiſche, neidiſche Wut, mit der Alles, was aus Chikago kommt, aufgenommen wird, überſteigt jede Erwartung! So mancher Bekannte, der in der Heimat Schiffbruch gelitten, verſucht hier ſein weiteres Fortkommen. Ein Teil dieſer Unglücklichen hat ſich ein recht behagliches Einkommen geſchaffen, indem ſie die Liſten der ankommenden Fremden prüfen und ſtarke Beſteuerung verſuchen. Es ſcheint aber auch hier Korpsgeiſt zu herrſchen, denn nachdem ein paar armen Tröpfen geholfen war, könnte ich mit Karten und Namen auf Geſuchen eine Rangliſte zuſammenſtellen.

Die Scheideſtunde rückte immer näher, und je näher ſie kam, deſto ſchwerer wurde die Abreiſe. Noch einmal wurden die herrlichen Sachen im Metropolitan-Muſeum aufgeſucht, noch einmal im prächtigen Centralpark das großſtädtiſche Leben geſehen, nach vortrefflichem Diner noch einmal das vortreffliche Orcheſter unter Seidls Leitung in Wagnerklängen genoſſen, dann aber zugeſtanden, daß es ſich in New=York recht gut leben läßt! Gott geb's, daß ich es nie nötig hätte! Ob ich aber nicht doch noch einmal zum Vergnügen herreiſe, will ich nicht verſchwören!

Sonntag, 11. Juni. In Berlin zeigt ſich das drangvolle Beſtreben, es immer wie Andere zu machen. Die Schnellzüge, wo jeder Barbiergehilfe in den Gängen der Waggons von Coupé zu Coupé geht, nur aus Neugierde, zu ſehen, wer darin ſitzt und was der jetzt thut,

sind schon im besten Gange, und das Publikum ist
ordentlich empört, daß die Väter der Stadt vorsichtig
mit Konzessionen für Elevated=Bahnen in den Straßen
sind. Die Vorzüge dieser Bahnen in New = York sind
ja ganz evident, und sie bewältigen hier einen Verkehr,
von dem man in der deutschen Reichshauptstadt kaum
eine Vorstellung hat, die Straßen aber, durch welche
diese Bahnen gehen, sind entwertet, das Gerassele und
Gepfeife und Nebelhorngetute stört die Anwohner in
diesen Straßen, so daß Niemand dort wohnen will,
und nur kleine Leute der billigen Mieten wegen zu
solchem Unterkommen greifen. Eine Ruhestätte ist es
nicht, und die Hausbesitzer werden ihre Häuser kaum
verzinsen können; also bei Zeiten die Augen auf, daß
das schöne Berlin dadurch nicht geschädigt wird! Unter=
grundbahnen so viel wie möglich, aber nicht elevated,
mögen die uns fern bleiben! Am Morgen früh ging
das Gerücke schon wieder los mit Koffern und Billets
und Parlor-Car tikets und wieder ein Treiben, als ob
eine Auswanderung stattfände! Aufs Neue war
wiederum der Satz bewährt: Nur in der Bewegung ist
die Ruhe, denn als der flighing Chikago langsam und
geräuschlos anzog und bald darauf wie durch die Luft
zu fliegen schien, saß man in einem bequemen Fauteuil,
das Auge auf den prachtvollen Hudson gerichtet, hatte
keine Sorge mehr, dachte zurück an schöne Tage und
hielt Sonntagsfeier im Pullmann=Car. Die Weltreise
hatte einen Abschnitt zurückgelegt! Es blieb Zeit, nicht
nach vorwärts, sondern zurück zu denken, alle die herr=
lichen Eindrücke Revue passiren zu lassen und in Ge=
danken sich an die „Ems“ zu versetzen und den Lieben
in der Heimat einen stillen Gruß zuzusenden. Die
Fahrt nahm denn also den programmmäßigen Verlauf.
Eine halbe Stunde nördlich von West=Point sauste ein

Zug über den Hudson auf einer Brücke, die, eigentlich keine Brücke, sondern so eine Art skizzirter Wahnsinn, 300 Fuß hoch aus wenigen Strohhalmen hingepustet war. Es lag gar kein vernünftiger Grund vor, daß solches Ding nicht einbrechen müßte, wenn ein Wagen hinüberfährt, und doch sah ich mit eigenen Augen einen Zug darauf. Die Amerikaner sind Teufelskerle, es scheint eben, sie rechnen besser wie wir. Ueber Albany erhob sich häuserhoch über den Dächern das Stadthaus wie eine mittelalterliche Pfalz. Dies Gebäude gehört mit zu den größesten und kostbarsten in den ganzen Vereinigten Staaten. Es war kein Pullmann, der uns aufnahm, sondern ein Wagner palace car. Ein einziger Raum mit 40 Fauteuils, daneben ein dining car, in dem man vortrefflich gespeist wurde; der Zug war von Negern bedient und die Plätze schon alle seit drei Tagen verkauft. Wie in Rußland, hört das Billet lösen und kontrolliren und revidiren durch eine Menge von Beamten gar nicht auf, und ebenso wie da sollen die tollsten Unregelmäßigkeiten im Schwange sein. Man fährt auch bei der Residenz einer Indianer-Kommission vorbei, die dafür zu sorgen hat, daß die Grenzen inne= gehalten werden, keine Uebergriffe vorkommen, den Indianern ihre Reservatterritorien garantirt, ihnen Nahrungsmittel, Kleider und Instrumente angewiesen werden. Noch vor wenig Jahren war hier eine kleine Kolonie von Schwärmern oder Bösewichtern, die sich freie Sekte nannten, wie die Herrnhuter, Alles gemein= schaftlich teilten und die freie Liebe zu Recht anerkannten. Sie haben vor dem Gesetz ihre Prinzipien nicht aufrecht erhalten können.

In meinem Journal fand ich heute als kritischen Tag zweiter Güte des Professors Falb verzeichnet. Wir waren mit 28° Reaumur abgefahren, der Himmel hatte

aber Einsehen mit Falb und verursachte einen tollen
Sturm, der dicke Bäume brach, Platzregen und Donner
brachte. Es war kalt geworden, und das Alles Falbs
wegen! Buffalo zeigte uns noch dazu einen Riesenbrand
der aufgestapelten Kohlenvorräte der Eriebahn. Die
sich entwickelnden Gase brannten in allen Farben
schillernd. Es war ein schauerlich schöner Anblick!
Abends spät erreichten wir Niagara. In der Dunkelheit sah man nur, daß der Regen den Ort in einen
Sumpf verwandelt hatte. Ein donnerndes Geräusch,
als ob zehn Güterzüge über das Haus führen, sagte
uns, daß der berühmte Wasserfall in der Nähe war.

Montag, 12. Juni, am

Endlich war der lang ersehnte Augenblick erschienen!
Ich beeilte mich schon am frühen Morgen, um dies vielgerühmte Weltwunder zu sehen. In seeartiger Ausdehnung überstürzten sich Wassermassen in riesiger
Schnelle und drängten einem Ausgange zu, der in der
Mitte durch eine Insel zwei Ausgänge übrig läßt.
Der südliche amerikanische bildet eine gerade Kante, und
hier fällt das Wasser in großartiger Gleichmäßigkeit
und Gewalt gegen 60 Meter tief in das neue Flußbett,
der nördliche kanadische Teil des Falles hat die Form
eines Hufeisens, das mit seinem offenen Teil zum
amerikanischen Fall fast im rechten Winkel sieht. Der
amerikanische Strom richtet sich von Westen nach Osten,

dagegen wendet sich der kanadische kurz vor dem Fall von Norden nach Süden und bildet in der doppelten Breite des ersteren einen Kessel von außerordentlicher Tiefe. Die Wassermassen stürzen mit solcher Gewalt, daß nur selten die Farbe wie grünes Glas durchscheint, sondern in gepeitschtem Gischt milchweiß mit überwältigender Kraft sich in die Tiefe gräbt. Das überraschte Auge sieht keinen Anfang und kein Ende mehr! Weißer Wasserdampf verbirgt zuerst die Wirkung der Gewalt, und verhältnismäßig ruhig wendet sich das Wasser neuem Ausgang zu. Auf welchem Punkt man auch diesem erhabenen Schauspiel gegenüber stehen mag, immer ist man wie im Banne solch ungemessener Naturkraft, immer preßt Erstaunen das Herz des schwachen menschlichen Beschauers! Eine Viertelstunde unterhalb der Fälle verengt sich das steile Ufer und zwingt den Fluß zu neuem Kampf. Mit einer Schnelligkeit von 30 Meilen die Stunde verbieten die engen Felsufer seine Verbreitung, immer neue Wassermassen drängen nach, und nun zeigt sich das eigentümliche Schauspiel, daß in der Mitte des Flusses das Wasser mehrere Meter und oft bis 7 Meter höher ist als an den Ufern. Nur der Nil, der in der Zeit seiner größten Höhe siebenmal mehr Wasser hat als das gesamte Flußnetz Deutschlands, wird solche Kubikmeter Wasser über sein natürliches Niveau heben. Es ist ein Schauspiel ohne Gleichen und nach Burmeister soll der Niagara dieses Spiel bereits 34000 Jahre treiben! Vor dieser Zeit reichte der heutige Grönlandsgletscher bis tief in Kanada hinein, und die Wassermassen flossen direkt im Mississippibett nach Süden ab. Als aber die Gletscher mehr und mehr zurücktraten und die Wasser geringer wurden, waren sie nicht mehr im stande, die Bank nördlich von St. Louis zu überfließen, ergossen sich in die Seenbildung des

Oberen, Michigan-, Ontario- und Erie-Sees und suchten sich den Ausweg nach Osten in dem Durchbruch des Niagara. Dies indianische Wort heißt Donner des Wassers, und mit Recht, denn meilenweit dröhnt Tag und Nacht das Gebrause durch die Luft. Lange vor dem Fall und nachher hat der Fluß das Ansehen des Trollhätta, wie überhaupt, trotz des vierzigsten Breitegrades, die Aehnlichkeit mit der schwedischen Natur ins Auge fällt. 400000 Menschen kommen alle Jahre hierher, dies Naturwunder zu sehen. Die Einwohner des Orts, fünf- bis sechstausend, sind darauf eingerichtet, und eine Reihe großartiger Hotels mit einer Armee von Negerbedienung zieht ihren Vorteil daraus. Die Konkurrenz hat sie fleißig gemacht, und ihre Aufdringlichkeit ist nur mit der der Malteser zu vergleichen. Zwei Stunden von der Stadt beginnen die Reservations - Gebiete von etwa 30000 Tuskarora-Indianern, und Handel mit Indianer-Souvenirs sind in vollem Schwange. Viele leben in Zelten, doch viele sind bereits so zivilisirt, daß sie sich ein Stückchen Land bebauen und in europäischer Form sich kleiden. Die Vorliebe für bunte Farben und Sachen, die ihnen durchaus nicht passen, ist allgemein. Die Damen sehen im Liebreiz ihrer Züge so aus, als ob längere Zeit Einer auf ihnen gesessen hätte. Unter den Männern habe ich sogar Elegants gesehen, die aufgekrempelte Hosen hatten und den Stock mit der Krücke nach unten trugen, und das soll doch gewiß sehr fein sein! Wer den Niagara noch mit ungetrübten Gefühlen sehen will, muß sich aber auch beeilen, denn in ein paar Jahren wird er wohl entmündigt, gegründet und Kunst geworden sein, indem vier große Brücken, ein Eiffelturm, Brauereien und Papierfabriken, Bausteinsägemaschinen, elektrische Beleuchtungen, Bahnen und was es auch noch für Namen hat, wie Pilze in der Umgebung erstehen.

Da hilft kein Brausen! Es muß Dampf gepfiffen sein, und die praktischen Amerikaner auf der einen und spekulativen Engländer auf der andern Seite sagen: hier liegt so und so viel Kraft unbenutzt, da geht so und so viel Kapital verloren, also vorwärts!

Der schönste Punkt, um die ganze Größe des gewaltigen Naturschauspiels zu bewundern, ist bei the table rock house, und die empfehlenswerteste Wohnung im Cliftonhotel, beide auf der kanadischen Seite. Es giebt Reisefanatiker, die es nicht unterlassen können, in schwefelfarbenem Wachstaktanzug, auf glitschrigem Glibber, Trepp auf, Trepp ab ins Nasse zu quatschen, hinter den fallenden Wassermassen das Rheingold zu suchen. Solche Schwärmer muß man nur nicht davon zurückhalten, man würde ihnen, wie sie zu sagen pflegen, eine ihrer schönsten Reiseerinnerungen rauben, dagegen würde ich empfehlen, auf der „maid of the mist", was nämlich Nebelmädchen heißt, die Dampferpartie bis dicht unter die Fälle nicht zu versäumen. Erst dort bekommt man den ganzen Eindruck der Wassergewalt.

Der gestrige Sturm hatte allerdings Professor Falb Recht gegeben, heute jedoch waren es wieder 28° Reaumur, die Muskitoplage aber hatte nachgelassen. In Kanada besuchte ich einen Ort, wo Naturgas dem Boden entströmt. Der intelligente Besitzer hatte sich die Flammen auf farbigen Gläsern und Rohrmundstücken aller Formen für die Fremden abgerichtet und zeigte sie für zwei Dollars im Brillantfeuer. Mich erinnerte dieser Feueranbeter lebhaft an die Idset-Priester in Baku, die mir vor zwanzig Jahren für zwei Rubel die schönste Feueranbetung machten. Auch ihre Flamme war aus Naturgas und der Tempel mitten in den Naphtagefilden am Kaspischen Meeresufer.

Dienstag, 13. Juni. Der heutige Tag nahm

seinen programmmäßigen Verlauf. Vormittags wurde
die schon erwähnte Wasserfahrt bis unter die Fälle ge=
macht. Ganz in Gummi gekleidet, wird man dennoch
durchnäßt und von Kälte ergriffen. Eine Million Tonnen
Wassers stürzt jede Stunde diese 160 Fuß herab. Bis
zwanzig Kilometer weit hört man das Brausen und fühlt
die Erschütterung des Bodens. Mit stets neuem Staunen
wird man von dem Anblick ergriffen, man fühlt sich
stolz, an diesem einzig in der Welt dastehenden Ort sein
zu dürfen. In einiger Entfernung unterhalb der Fälle
führt 200 Fuß hoch über dem Wasserspiegel eine Hänge=
brücke über den Fluß, und man glaubt, die darüber
fahrenden Wagen müßten ins Wasser stürzen. Die
amerikanische Stadt, d. h. die der Vereinigten Staaten,
im Gegensatz zur gegenüberliegenden englisch=kanadischen,
ist voll von Naturalisten und Verkäufern von Indianer-
Raritäten. Ich kaufte den Kopf eines Mooshirsches,
eines schönen Dreißigers, und sah ein fast unwahrschein=
lich großes Exemplar eines Grislybären aus den Rocky
mountains. Dann fuhr ich einige Meilen ins Land,
um mir einen der Indianer des Reservationsdistrikts
anzusehen. Nach der Richtung hin hatte der Verkehr
mehr und mehr aufgehört, die Wege wurden schlechter
und schließlich wurden es Pfade. Die Ansiedelung war
augenscheinlich von Regierungs=Kommissarien eingeteilt.
Jedes Familienhaupt hatte eine Anzahl Morgen als
Eigentum erhalten und mit einem die Holzverwüstung
bezeugenden Zaun umgeben. An der Straße stand ein
kleines Blockhaus mit holzschuppenartigen Anbauten.
Ein paar Obstbäume, ein schlecht bearbeitetes Stückchen
Feld waren das Einzige, was an menschliche Thätigkeit
erinnerte, sonst lag Alles in wirrer Wildnis, und zwar
zumeist die nächste Umgebung des Hauses. Fenster und
Thüren geschlossen, der Zugang von der Straße so ver=

77

rammelt und mit Stacheldraht verflochten, daß man's
nur mit Vorsicht übersteigen konnte. Mehrere Hunde
sind bei dem geringsten Versuch, sich zu nähern, bereit,
es zu verhindern und machen einen Lärm, der die ganze
Umgegend erfüllt. Menschen aber sah man nicht.
Wenn man ein Haus gesehen hatte, tauchte bald ein
neues aus den Bäumen hervor, so daß die Dörfer, wie
bei den Basken, aus einem wirren Konglomerat einzeln
gelegener Höfe bestehen. Da war ein Materialladen,
dort stand eine Holzkirche ohne Turm, die keine Kirche,
sondern das Versammlungshaus der Gemeindevertretung
war, dann sah man eine Scheune, die so etwas Aehn-
liches wie eine Schule sein sollte; dann auch eine Kirche
mit Halle gegen Wetterunbill und das Haus des Geist-
lichen. Nun tauchten hier und da Gestalten auf, gelbe
breite, verdrießliche Gesichter! Scheue, schmutzige Kinder
schienen den Kundschafterdienst instinktmäßig zu betreiben,
wußten, als sie uns für unschädlich halten mochten, zuerst
die infamen Köter zu besänftigen, wobei es manchen
meisterhaften Steinwurf zu sehen gab, und ältere
Menschen hervorzulocken. Zuerst kamen ältere Frauen
mit Körbchen voll Stickereien, Schnitzereien, Leder-
geflechten, Schmuckederschuhen, Federwerk und einer
Menge von dergleichen unbrauchbaren Indianerarbeiten
zu den niedrigsten Preisen. Hierauf Männer, die so
thaten, als ob sie von Feldarbeit kämen: gelb, mit
breiten Backenknochen, schmutzig, verdrießlich, stumm.
Die Squaws*) waren gesprächig geworden und erfreuten
sich des Gewinnstes von ein paar Dollars, infolgedessen
wurden die Köter zutraulicher und die Kinder dreister
— die Männer rauchten. Den Chief bekamen wir nicht
zu sehen, weil er Mittagsschlaf hielt. Diese gelbe Ge-

---

*) Die Frauen der nordamerikanischen Indianer.

sellschaft gehört zum Stamm der Tuskarora, bei dem die Sucht nach Ruhm auf dem Kriegspfad schlafen gegangen und der Hang zur Arbeit noch nicht ganz zum Durchbruch gekommen ist. Ein militärisch besetztes Fort sorgt für die Ordnungsliebe der Leute, legt ihnen die Paragraphen des Landesgesetzes aus, wo sie in Zweifel geraten, und verteilt ihnen Vieh, Saatgetreide und was sie sonst zum Leben nötig haben. Letzteres scheint eben nicht viel zu sein, denn noch am Empfangstage werden ihnen die Lieferungen gegen Whiskey und Brandy von spekulativen Köpfen umgetauscht. Dann geht es hoch her, dann ist Jubel, Festmusik und Tanz, und noch drei Tage haben sie den Katzenjammer, der sie so gelb, faul, müde und verdrießlich macht. Um aber nicht ungerecht zu sein, muß ich erwähnen, daß aus einem Hause ein hübsch gesungenes eigentümliches Lied mit Ziehharmonikabegleitung für die Begabung der gelben Katalani sprach. Ich war sehr zufrieden, wie schon erwähnt, in New-York das schöne Werk von Tatlin gefunden zu haben, denn die Indianer, wie sie uns in den letzten Mohikanern gelehrt wurden, waren diese Tuskarora nicht mehr.

Vierzehn Kilometer war ich von Niagara am Flußufer östlich gegen den Ontario=See gefahren. Erst dann fängt der brodelnde, schäumende Strom an, sich zu beruhigen. In schmalem Bett, wie der Rhein bei Stolzenfels, von bewaldeten, steilen Felsen eingeschlossen, hält er den Blick bei jedem Ueberstürzen der Wellen gefesselt, dann, nach etwa vierzehn Kilometern, öffnet sich das Thal in eine bezaubernde, weite, üppige Landschaft, deren Horizont der Spiegel des Ontario begrenzt. Man kehrt nach Niagara zurück, und als ob man Unrecht gethan hätte, sich der Natur zu erfreuen und mit ein paar unglücklichen Naturmenschen beschäftigt zu haben, gerät man, je näher man der Stadt kommt, in ein Schnell=

feuer von elektrischen Tram= und Eisenbahnen, daß man
denkt, daß sich die durcheinander kreuzenden Züge alle
Augenblicke überfahren müßten, und es gehört ein sehr
routinirter Kutscher dazu, einen in dem Schienengewirre
mit heilen Knochen nach Hause zu bringen. Kein
Uebergang hat Barrièren oder Wärter. Ohne Ein=
friedigung jagen die Züge durch die Straßen der Stadt,
wo Kinder zwei Schritt davon im Sande spielen.
Während der Fahrt springen Passagiere auf und ab.
Kein Beamter wird grob, kein Schutzmann ist zu sehen,
kein Mensch ist außer sich — nur ein Neger überreicht
stumm die Speisekarte. Im Pullmann = Car ist das
Diner servirt.

Das Speisen in Amerika ist sehr ungemütlich. Zum
breakfast, lunch und dinner giebt's eine endlose Speise=
karte mit drei Suppen, dann folgen erst die hors-
d'oeuvres, hierauf giebt es Lamm mit Mintsauce,
Schildkröte mit Austern, Hammelrippen mit Bohnen,
Erbsen und eine Menge unbekannter übelschmeckender
Gemüse. Alles schmeckt nach Pfeffer und Wasser, das
Fleisch nach Holz und Pappe. Dann giebt es kalte
Sorbets von allen Früchten, die recht gut sind, dann
kommt Geflügel wie Leder, Spargel, die wie im Wasser
aufgelöste Bindfaden zu sein scheinen, dann Eiscream
mit Früchten, Käse, Kaffee. Nun giebt es einen Strich
auf der Speisekarte, und dann stehen untereinander eben
so viel kalte Speisen. Von Fisch habe ich gar nicht
gesprochen, weil der hier überhaupt nicht zu essen ist.
Es giebt einfach in Amerika keinen frischen Fisch. Noch
nie bin ich einem begegnet, an keinem Ort. Mir
scheint, diese Fische sind alles Ueberreste der in Blech=
büchsen eingemachten unglücklichen Petrefakte, die schon
1884 auf der Fischausstellung in Berlin waren. Es
wird nicht erwartet, daß der Gast Wein trinkt, und

wenn er es thut, steht er im Verdacht der Völlerei und
Trunksucht. Der bedienende Neger wird sogar von
seinen Kollegen mit heiterem Bedauern angesehen, solch
einen Gast bedienen zu müssen. Von früh bis spät in
die Nacht trinkt, wie schon erwähnt, der Amerikaner
Eiswasser mit einem so großen Stück Eis im Glas,
daß die Lippen und Nasenspitze uns in eine Art Ge=
friergrad kommen. Der Eingeborene sagt dem Neger
was er essen will, und nun stellt der liebliche Schwarze
alle Speisen zugleich auf den Tisch, giebt ungern neue
Teller, Messer und Gabeln, und sieht wo anders hin,
wenn man mit ihm spricht, als ob er überhaupt nicht
hört, redet dazwischen sogar mit einem andern Farbigen.
Will man also vernünftig essen, muß man stets nur das
eine Gericht bestellen und dann erst das andere, wenn
man mit dem ersten fertig ist. Es ist dies nichts
weniger als eine ordentliche Ernährung, geschweige denn,
daß von Tafelfreuden die Rede sein könnte. Dazu
kommt, daß von 7—$\frac{1}{2}$10 im Speisesaal das erste Früh=
stück genommen wird und es gänzlich unbekannt ist, den
Thee oder Kaffee auf dem Zimmer zu nehmen. Der
lunch ist von $\frac{1}{2}$1—2, das dinner von $\frac{1}{2}$7—8, und für
kein Geld und keine guten Worte außer dieser Zeit eine
Tasse Kaffee zu bekommen. Wer seiner Ermüdung
einen kleinen Aufschwung geben will, muß in ein bar
gehen, wo saures Bier und unglaublich viel verschieden=
artige brandy und water fabrizirt und durch Strohhalme
getrunken werden.

Nur der Parvenue ist ungezogen. Die Amerikaner
sind eine heterogene Kreuzung von Zwischendeckpassagieren,
die oft aus sehr zweifelhaften Gründen die neue Welt
aufgesucht haben. In den ersten Generationen pflegen
Kreuzungen heterogener Rassen Vorzüge in höhere Po=
tenzen zu erheben, und zwar körperliche wie geistige.

Dieser Erfahrung schreibe ich es zu, daß man unter den Amerikanerinnen viel schöne Mädchen und unter den Männern oft ungewöhnlich Begabte findet. Wie der Eunuch den Vorteil hat, bei der Erstrebung seiner Ziele nach Macht nicht durch die Minne beeinträchtigt zu sein, so kennt der Amerikaner nicht den krankhaften Ehrgeiz nach Orden, Ehrenzeichen, Kammerherrenknöpfen und Würden, die so viel Geist und Begabung bei uns zu jedem andern ernsten Streben unfähig machen. Der Amerikaner will Geld haben, und sein ganzes Sinnen und Trachten und Schaffen ist allein darauf gerichtet. Wie bei uns Viele die Ueberzeugung zu haben scheinen, daß Grobheit Charakter ist, so zeigt der Amerikaner zu= weilen seine Unabhängigkeit und seinen Lokalpatriotismus durch schroffes Abweisen jeder europäischen Anschauung. Er thut sich was zu Gute darauf, wenn die Prinzessin Eulalia von Spanien von ihm hier ehrenvoll empfangen wird, wenn er ihr zehnmal am Tage sagt, daß er auf die Monarchie pfeife und wegen eines Kohlengeschäfts heute nicht zum Empfang kommen würde. Diese Gattung Mensch will Geld coute qui coute. Bis jetzt hatte er es ziemlich einfach. Er schlägt alle Bäume herunter, schlachtet alle Schweine, tötet alle Büffel und Ochsen, verkauft Petroleum und lebt wie ein König. Jetzt giebt es 22 Stock hohe Häuser, nächstes Jahr wird er auf einem Eiffelturm wohnen wollen. Alles was er thut ist — Uebertrumpfen; dazu wird ein Lärm ge= schlagen, so unanständige Reklame gemacht, Alles so toll, so über alles Maß getrieben, daß dieser Gentleman nicht zu dem angenehmsten täglichen Verkehr zu zählen ist. Das ist eine Rechenmaschine, ein Telephon, eine Elevator, ein Nichts, der mit Elektrizität Alles macht, und wenn er dabei zu Grunde geht, macht's ein Anderer, der noch dreister ist, noch mehr schreit. Wie

erschöpft muß der weibliche Teil solcher Familien und
mit welchen Zumutungen muß dem oft begegnet sein,
denn anders kann ich mir die so ostentativ ausgedrückte
ablehnende Haltung der amerikanischen Lady nicht
erklären. Die englische Lady besteht ja überhaupt nur
aus Sachen, die man nicht machen darf. Was sie
eigentlich zu thun hat, wissen die Wenigsten, wehe aber
dem, der irgendwo einmal was thut, was mal in dem
Jahre nicht Mode ist! Die amerikanische Lady scheint
sich nun ganz in diesem chic einzuleben, lebt sehr ab=
geschlossen, läßt sich von der ganzen Welt wie ein
höheres Wesen anstaunen und — bedankt sich nicht
einmal. Es ist ja ganz in der Ordnung, einer Dame
stets den besten Platz anzubieten und aufmerksam gegen
sie zu sein, aber noch nie habe ich gesehen, daß eine
Dame es der Mühe für wert gefunden hätte, auch nur
durch eine Bewegung des Kopfes davon Notiz zu
nehmen, und das ist ein ausgesprochenes Parvenue=
Wesen, was Viele gar nicht nötig haben, weil sie, wie
Strousberg sagt, schon einen Großvater gehabt haben.
Kürzlich war in einem Kreis von Amerikanern von
Einwanderern die Rede. Ein Herr wies diese Bezeich=
nung mit Entrüstung zurück und meinte, sein Vater
wäre schon vor dreißig Jahren hergekommen. Die
Indianer behaupten, ihnen gehöre ganz Amerika, die
Einwohner von Vancouver stellen vor ihre Erdhütten
hohe Bäume auf, an denen durch Schnitzereien die Zahl
der Generationen ihrer Familie verzeichnet stehen.
Einer meiner ältesten Freunde aber findet keine Ruhe
und braust und donnert, damit sein Dasein nicht un=
bemerkt vorübergehen soll, und das ist ein Büchsenschuß
vor mir der Niagara, der es ja schon 34000 Jahre so
treiben soll.

Mittwoch, 14. Juni. Der letzte Tag an den

großartigen Fällen ist gekommen. Es ist wohl anzu=
nehmen, daß ich nicht wieder hierher zurückkehren werde,
deshalb bin ich schon früh auf, mir den überwältigenden
Anblick fest einzuprägen. Wieder bin ich mit dem kleinen
Schaukelfritzen bis dicht herangefahren und noch ein
zweites und drittes Mal, fuhr dann mit der elektrischen
Bahn auf der kanadischen Seite 23 Kilometer, um noch
einmal die romantische Schlucht mit dem entfesselten
Riesenfluß, dem Niagara, zu sehen, noch einmal den
Blick über das herrliche Thal bis zum Ontario streifen
zu lassen. Zurückgekehrt wurden die Koffer gepackt, denn
spät abends will ich im Pullmann sleeping Car nach
Chikago träumen. Einige Stunden vor meiner Abreise
wird die Infantin Eulalia von Spanien mit dreißig
Personen hier im Hotel erwartet, alle Schwarzen sehen
wie neu lackirt aus.

Auf der kanadischen Seite führte mich die elektrische
Bahn vierzehn Meilen hart am Niagara = Ufer bei
Queenstown in sausendem Tempo. Der letzte Gewitter=
orkan hatte vielfach Schaden am Bahnkörper angerichtet.
Ueber unterspülte Stellen, wo man fast 400 Fuß zwischen
den Schienen den brausenden Strom sah, half uns be=
flügelte Eile. Oft kam man dadurch nicht recht zum
Genuß der herrlichen Landschaft. Auf dem letzten Berg=
kegel vor der Ontario = Ebene steht ein Monument des
General Burke, der 1812 hier in dem siegreichen Kampfe
gegen die Amerikaner fiel. Die Säule ist der Vendome=
säule in Paris sehr ähnlich. Die Engländer aber, sehr
vorsichtige Leute, haben dem General auf seinen Feder=
hut einen meterhohen Blitzableiter gesetzt, was von
überaus komischer Wirkung ist.

Im Speisesaal bedauere ich, den Bleistift nicht mit
der Sicherheit eines Allers zu führen, denn die kleine
Armee von schwarzen Dienern zeigt in Gesichtszügen,

Haltung und Bewegung so viel des Interessanten, daß man mit solchen Studien und Skizzen ganze Mappen füllen könnte. Die Prinzessin Eulalia hat Glück. Sie kam um 6 Uhr an; soeben hatten die zahlreichen Holz= papier=Fabriken geschlossen und die Straßen waren mit fröhlichen jungen Mädchen gefüllt. Alle wollten auch einmal eine wirkliche Prinzessin sehen. Eine Kolonne von sechs Wagen, dicke Menschenmasse vor dem Hotel. Ueberreichung eines Blumenbouquets, Jubelruf und Händeklatschen leiteten die Feier ein. Vielleicht ist sie in Spanien noch nicht mit so warmer Neugier empfangen worden! Die sie begleitende Behörde sah allerdings ein bischen unwahrscheinlich aus. Mir blieb nicht viel Zeit, sie auf „alle Fälle" zu begleiten, denn man holte meine Koffer und klebte auf alle Sachen Chikago.

Chikago

dieses Zauberwort, das durch tüchtige amerikanische Reklame wie ein magnetisches Fluidum durch die ganze Welt gezogen, ist ein kulturhistorischer Abschnitt in der Weltgeschichte. Alles, Alles ist fin de siècle, vom An= fang bis zum Ende. Heute noch leben Leute in der Stadt, die in ein paar Holzhütten mit noch nicht hundert Miteinwohnern im Tauschhandel den dortigen Indianern Terrain, Holz, Vieh, Pelze abgaunerten. Dampfboote auf den Seen und Eisenbahnen brachten immer neue Biedermänner hin, und die Naturprodukte der Hinterländer zeigten sich dermaßen ergiebig, als ob sie schier unerschöpflich seien. Man mußte die Produkte auf den Markt bringen, Schiffe führten sie durch die Seen in den Lorenzostrom von Quebeck, Montreal nach Europa. New = York wollte seinen Anteil haben, der Hudson=Kanal konnte kaum den Bedarf befördern. Die Einwohnerzahl hatte sich ansehnlich vermehrt, Jeder dahin gebaut, wo es ihm gefiel. Da mitten im Auf= blühen brannte 1871 die Stadt fast gänzlich ab. In wilder Eile wurde wieder gebaut, und als man einzu= sehen anfing, daß man durch die Gesetzlosigkeit sich selbst behindere, fand der zweite Brand 1874 statt. Nun= mehr griff die Stadtvertretung handelnd ein, stellte einen festen Bebauungsplan auf, gönnte jedem Haus seinen Garten, jeder Straße seine Baumallee, stiftete Parks und nahm alle gemeinnützige Anlagen selbst in die Hand. Ein flacher, breiter Fluß, Chikago, versumpfte das ganze Stadtterrain. Er floß, vom Missisippi durch eine Barre getrennt, von Süden nach Norden, in drei Armen durch die Stadt in den Michigan = See. Die Väter der Stadt ließen durch Erdaufschüttungen von sechs bis acht Fuß den Baugrund erhöhen, durchstachen die Barre und zwangen den Fluß nunmehr, seiner früheren Richtung entgegen, aus dem See in den Missisippi zu fließen, legten Kanalisation, Telegraphen= netze, Eisenbahnlinien, Telephone, Centralheizungen für jeden Straßenblock und eine Wasserleitung an, die durch einen Tunnel zwei Meilen vom Ufer das Wasser aus dem See holt. Heute hat die Stadt zwei Millionen Einwohner, einen Straßenverkehr auf einem Netz von elevated, Pferde=, griep= und elektrischen Bahnen, welcher denjenigen New = Yorks gänzlich in den Schatten stellt. Die Grundfläche der Stadt ist so groß wie das Fürsten= tum Schwarzburg, und vier Chikagos würden das

Herzogtum Anhalt vollständig bedecken. Täglich laufen
1200 Züge in die Bahnhöfe von fünfzig verschiedenen
Eisenbahnlinien ein. Vierzehn Bahnhöfe, die früher
außerhalb lagen, befinden sich nunmehr schon mitten in
der Stadt. Im Ausstellungsterrain münden sechsund=
zwanzig Eisenbahnlinien in einer großen Halle. Chikago
lebt eben wie der Tintenfisch mit unzähligen Eisenbahn=
armen, mit Saugenäpfen bis weit nach Texas, den
Küsten des Stillen Ozeans, den Userprovinzen des
Atlantischen. Allen Quellen bietet es Absatz, neue Wege
dem Erwerb und der Spekulation, und der Hoffnung
unermessenen Raum — und teilt mit Allen den Gewinn.
Die Organisation arbeitet gut; hier hört in der That
in Geschäftssachen die Gemütlichkeit auf: „time is money"
Geräuschlos gehen hier Existenzen zu Grunde, und ge=
räuschlos erstehen Millionäre. In kalter Berechnung,
nur auf Gewinn, auf Geld gerichtet, arbeitet Geist und
Körper. Es ist die neue Zeit, es ist die neue Kraft,
die hier über Vorurteile und Altbestehendes kalt hinweg=
schreitet und sich Alles unterwirft. Gerade so wie es
in Babylon war, zu der Zeit, als es noch keine Eisen=
bahnen gab. Ob Chikago auch nur wie Babylon eine
Blüte von einem halben Jahrhundert haben wird, möchte
ich erleben!

Donnerstag, 15. Juni. Spät abends stand
man mit möglichst kleiner Reisetasche, wie man wirklich
sagen kann, eigenhändig auf einem Bahnhof, wo es
weder irgend etwas zum Sitzen giebt, noch auch für
Geld und gute Worte sich Jemand findet, der einem
irgend Etwas trägt oder Bescheid sagt; dabei jagen rechts
und links die Züge immer nur so vorbei, daß es eine
Art hat. Endlich gelang es mir mit Akrobaten=
geschwindigkeit, in einen Wagner Palace - Car, in einen
Expreß=Chikagozug, zu voltigiren. Die schwarze Menschen-

ſeele, die da regierte, machte zuerſt den Eindruck, als ob
ſie eben erſt aus dem Innern von Afrika angekommen
wäre, bis ein ſchmutziger Dollar ihren Geiſt ſofort
erhellte, und ich im vierten Car ein Unterbett bereits
bezogen hatte, als die Meiſten noch mit endloſen Unter=
handlungen hin und her ſuchten. Eine auffallend ſtarke
Dame wurde dann durch Angehörige und ſchwarze Be=
dienung über mich in das Oberbett bugſirt. Vielleicht
war das der Grund, daß mir alle fünf Minuten ſo
war, als müßte der Zug aus den Schienen ſpringen.
Das war eine Fahrt, in der ich nicht zwei Minuten
die Augen ſchließen konnte. Ich profitirte dabei zu
ſehen, wie die Länderſtrecken vorteilhafter angebaut und
mehr bevölkert waren als irgendwo anders. Die Ge=
höfte ſahen beſſer gehalten, Inventar und Vieh und
Pferde weſentlich gediegener aus, als ich es bisher ge=
ſehen hatte. Man gewahrte wieder gute Pferde, die
recht leiſtungsfähig ſchienen und durchweg mit Mais
gefüttert waren. Es mag auch dies der Grund ſein,
weshalb die Standorte der Pferde und -Ställe einen
überaus penetranten Geruch haben. Ein Ort Pullmann
iſt von dem Erfinder der Schlafwagen durch ſeine Fabrik
angelegt und die 14000 Einwohner ſind ſeine Arbeiter.
Der Erieſee verſchwand, und bald darauf blieb die Bahn
an dem Ufer des Michigan = Sees. Alle möglichen
Zweigbahnen, elektriſche Anlagen und Fabriken ließen
die Nähe der großen Stadt erkennen, und bald befand
man ſich mitten unter Villen, Türmen, Kuppeln und
Parks in Chikago. Von New=York hatte ich faſt tauſend
Meilen zurückgelegt, und doch nur ein Drittel von dem
Wege, der mich nach San Franzisko führen ſollte. Um
die Ausſtellung recht con amore ſtudiren zu können,
hatte ich das Parkgatehotel unmittelbar am Südweſt=
Eingang der Ausſtellung gewählt. Vom Bahnhof

brauchte ich eine runde Stunde, um dorthin zu kommen.
Es waren 25° Reaumur. Auf den Straßen ein wirres
Durcheinander von allerhand Verkehrsmittel, Menschen
und Vieh, und Alles mit Eile und Geschrei und stets
wechselnden neuen Bildern, daß ich wie gerädert ins
Hotel kam. Dicht vor der Thür fuhr alle drei Minuten
mit Nebelhorn und Läuten ein Zug in solchem Tempo
vorüber, daß das Haus erbebte. Unter dieser Bahn
fuhr eine elektrische und eine Pferdebahn ebenfalls mit
dem üblichen Geläute. Ein Wagen mit Kisten für die
Ausstellung war soeben vorübergefahren. Hunderte von
Menschen schrien, und jeder Einzelne that so, als ob
ihn die Sache persönlich anginge. Ich bat im Hotel
um ein Hinterzimmer, weil ich mich nicht stark genug
fühlte, diesen Randal auszuhalten. Als ich mein Zimmer
betrat, klapperte Alles, was überhaupt in dem Zimmer
klappern konnte. Ich trat ans Fenster und sah, daß
unmittelbar unter mir die Dampfmaschine stand, die
das elektrische Licht für das Hotel in Thätigkeit setzte.
Ich wohnte an einem Platz, wo eine Schießstätte, eine
Menagerie, eine russische Schaukel, eine Schlittenrutsch=
bahn, die Arena von Buffalo Bill und ein Dampf=
karoussell sich befand, und das Alles mit Schießen,
Schreien, Pauken und Trompeten, Kanonenschlägen,
Dampf = Orchestrion, Riesendame, Schwanenjungfrau,
haarigem Mädchen, Kälbern mit zwei Köpfen, Athleten!
Mein Gepäck hatte ich die Aussicht, erst morgen durch
die Expreß = Kompagnie zu bekommen. Das war nun
zwar ein bißchen viel auf einmal, aber das eben war
Chikago, und die Menschen, die ich sah, die sich da=
zwischen bewegten, sahen alle dreist und gesund aus und
so, als ob das so sein müßte! Was blieb mir übrig?
Ich machte es so wie viele Ureinwohner von vorgestern
— ich ließ mir erst die Haare abschneiden (ich erwähne

dies nicht, um damit zu renommiren) und ging dann zu Buffalo Bill. Dieser gute wilde Mann marschirte zuerst mit 100 Indianern zu Pferde auf, die mich eben hierher gelockt hatten, dann aber mit 200 Kavalleristen aller Nationen, von denen zwei Züge preußischer 2. Garde=Ulanen sehr gefeiert wurden. Nachdem ich einige Nummern angesehen hatte, zog es mich gleich in die Ausstellung, da heute das deutsche Fest war, 30 000 Deutsche in Deputationen, Vereinen aller Art, mit Fahnen, Uniformen, Festwagen und was nur zu denken war, hatten sich in feierlichem Zuge nach der Ausstellung begeben. Dort hielt der deutsche Gesandte von Holleben und dann der bekannte Schurz die Fest= rede, hierauf sangen 2000 Menschen die deutsche Hymne, dann wurde geturnt und viel deutsch geredet. Der Eindruck der früheren lieben Landsleute erinnerte sehr an Zwischendecker und deren Nachkommen. Aus der Sprache erkannte man im Vorübergehen leicht den Dresdener, Ostpreußen, Kölner und Schwaben. Sehr erfreute mich die zufällige Begegnung des Fabrikherrn Gieseke mit Frau aus Leipzig, welche die atlantische Ueberfahrt auf der „Ems" uns schon durch Geist und Frohsinn angenehm gemacht hatten. Nahe mit der Leipziger Illustrirten verwandt, hatte die Unterhaltung einen universalen internationalen Charakter. Frau G. war ebenso unterrichtet wie liebenswürdig. Für die Chikago=Ausstellung war ich durch Vorträge in der „Urania", durch eigene Studien und namentlich dadurch einigermaßen vorbereitet, daß es seit dem Jahre 1852 keine Ausstellung in Europa gegeben hat, die ich nicht mit Interesse gesehen hatte. Von der Chikagoer hatte ich so viel Details kennen gelernt, daß ich nicht annehmen konnte, überrascht zu werden. In der letzten Zeit und noch in New=York waren so viele üble Nach=

richten verbreitet worden, daß man immerhin schon be=
rechtigt war, mit nicht günstigem Vorurteil hinzugehen.

Der Plan war mir vollständig vertraut, die Archi=
tektur bis ins Kleinste bekannt, aber mit einem Faktor
hatte ich dabei nicht gerechnet, das waren die Größen=
verhältnisse. Ich bin kaum jemals im Leben so über=
rascht gewesen, als wie heute beim Betreten der Aus=
stellung. Amerika ist das Land der Superlative, und
Jedermann, dem diese Verhältnisse hier fremd sind, muß
ermüden und verstimmt werden, immer Alles im Extrem
benannt zu hören. Hier aber ist eine kultur=
historische That geschehen, von der die ganze
Welt lernen könnte. Beim Eintritt fühlt man sich
bezaubert durch die Schönheit der ganzen Situation,
durch die Pracht der Paläste, die riesigen Größenverhält=
nisse, die Belebung durch die Wasserflächen und die
geniale und praktische Anordnung des ganzen Aufbaus.
Als ob man ein Kaleidoskop vor Augen hätte, das bei
jedem Schritt neue Paläste, neue nie gesehene Bilder
schafft, schreitet man bewundernd durch dies Paradies
und fühlt sich glücklich, zu Denen zu gehören, die so
viel Schönes und Großes, so viel Arbeit, Geist und
Kunst sehen dürfen. Man braucht noch nicht einen
Palast zu betreten, sondern nur die äußeren Anlagen
promenirend auf sich wirken zu lassen, um sich zu sagen,
daß die Welt bisher nie eine Ausstellung hatte,
die dieser an die Seite zu setzen ist. Die Aus=
stellung bedeckt einen Flächenraum von 1200 Morgen
und ist immer sechs Mal größer wie die größeste bis=
her gezeigte Ausstellung. An Eleganz übertrifft sie die
bisher so sehr gerühmte Pariser von 1867. Man hat
zwar beliebt zu sagen, seit der letzten Ausstellung wären
keine wesentlichen Erfindungen gemacht oder Neuheiten
erschienen, welche diese Ausstellung nötig machen, diese

billige Phrase wird aber in allen Zweigen hier durch den Augenschein widerlegt. Mit Beschämung denkt man an den jämmerlichen Krämersinn, der den Anlauf zu einer Berliner Weltausstellung verhindert hat, wenn man sieht, wie hier ein Ort zwischen Grönland und Kamschatka ein Schauspiel giebt, welches für die ganze Welt als Muster dastehen kann. 100 Millionen Mark sind bereits verbraucht, keins der Gebäude soll nach Schluß der Ausstellung stehen bleiben. Die letzte Pariser Ausstellung hatte 30 Millionen gekostet. Es ist vorauszusehen, daß ein enormes Defizit eintreten muß. Zur Deckung wird ein täglicher Besuch von 250,000 Menschen erwartet. Es sind aber bisher täglich nur 100,000 Besucher gewesen. Es wäre ja nun Wahnsinn, eine solche Sache nur zum Vergnügen zu machen, und man braucht nur hinein zu treten, um zu sehen, mit welch frischer, waldursprünglicher Naturkraft in allen Zweigen die Industrie und die Kunst sprunghaft die Tête zu gewinnen suchen. Zölle haben den Gedanken Edisons nicht auszuschließen vermocht, und es giebt hier noch tausend andere Materien, die wohl dem Staatsmann zu denken geben, ob es gut sei, gegen solche Fortschritte eine chinesische Mauer aufzurichten oder sie mit dem Opfer von ein paar Stümpern als Gemeingut auszunützen. Die Industriehalle, ein einziger Saal ohne Säulen, würde in Berlin den ganzen Gensdarmen-Markt mit dem Schauspielhaus und beiden Kirchen bedecken. Sie allein ist ein Wunder der Baukunst und Technik. Die Landwirtschaftliche Abteilung hat so zahlreiche Stände für Vieh und Pferde, daß sie aneinander gereiht, 2½ Meile ausmachen würden. Berlin amerikanisirt sich in seinen Lebensanschauungen, ich kann nur empfehlen, diese amerikanische Bauart auch bei uns zu acceptiren. Das Klima ist im Winter hier

härter als bei uns. Die Eisenkonstruktion mit Holz=
verschalung und Luftsteinen möchte ich nicht für Paläste
empfehlen, glaube aber, daß diese Art für eine Menge
von Bauzwecken, wo wir zu massiv sind, wohl geeignet
ist. In Bezug auf Eisenbahnverhältnisse hat die
Pennsylvanienbahn eine selbständige Darstellung ge=
geben: die Fortschritte und die Veränderungen seit dem
Beginn. Fast unglaublich erscheinen einem die ersten
Maschinen und Wagen und sonstigen Details, obgleich
ich sie ja selbst noch erlebt habe. Bewunderungswürdig
sind die neuesten Blitzzüge, die hier zusammengestellt
stehen, erstaunenswert die neuesten Erfindungen im
Signal= und Sicherheitswesen. Die Abteilung, welche
dem Verkehrswesen gewidmet ist, ist ungemein reichhaltig.
Sie enthält ebenfalls Eisenbahnwesen, dann aber auch
vom Kanoe bis zum Kriegsschiff Alles, was auf Marine
bezüglich denkbar ist. Alle Nationen sind neben ein=
ander vertreten. Große elegante Marine=Modelle hat
die englische Regierung ausgestellt, die Schnelldampfer
der Hamburger und des Norddeutschen Lloyd haben
viel Bewunderer. Das russische kreisrunde Modell der
Livadia wird hier nicht gebilligt. Hunderte von Lust=
booten, mit Naphta, Benzin, Elektrizität getrieben, zeugen
von der lebhaften Industrie von New=York. Im Wagen=
bau steht Chikago oben an, und zwar vom Sulky für
die Trabrennen durch alle Formen des leichten Hickory
buggy bis zur Mailkoach. Auch sind eine Menge alter
historischer Wagen ausgestellt. New=York zeichnet sich
durch elegante Geschirre aus. Wahrhaft erstaunen muß
man in dem Palast, wo der Bergbau zur Darstellung
gekommen ist, über den monumental großartigen Auf=
bau, über die geschmackvolle und zugleich übersichtliche
Art der Gewinnung und Leistungsfähigkeit. Spanien
und Rußland sind sehr gut vertreten. Bewunderungs=

würdig sind die Werke von Stumm = Saarbrücken dar=
gestellt. Man sagt, diese Ausstellung koste Herrn
Stumm 1 ½ Millionen Mark. Sehr interessant sind
die Ausbeuten der nordamerikanischen verschiedenen
Staaten in Kohlen, Gesteinen und Metallen. Ein
Staat sucht hierin den andern zu übertreffen, und da
giebt es Leute, die die Nase rümpfen und sagen, „ich
liebe es nicht, Ausstellungen zu sehen“. Ich sage: das
sind Ignoranten. Daneben ist die Elektrizitäts = Aus=
stellung, die auch viele Leute nicht gern sehen werden,
weil ihnen bei der Beleuchtung Manches dunkel ist.
Gerade in diesem Fach hat die Wissenschaft und Er=
findung unglaublich viel Neues und Interessantes zu
Tage gefördert. Man erinnere sich doch der elektrischen
Ausstellung vor zwei Jahren in Frankfurt am Main.
Für Leute, die sich nicht für Dynamo = Wechselstrom=
Uebertragung interessiren, erwähne ich nur eine Fülle
von Beleuchtungskörpern und Lichteffekten, die bisher
ganz unbekannt waren. Von schöner Wirkung ist auch
die Abendillumination der Ausstellung mit den fontaines
lumineuses. Sobald man eine Spezial = Ausstellung
gesehen hat und ins Freie zurückkehrt, ist man jedesmal
aufs Neue erstaunt und fühlt sich im Banne der Größe
und Harmonie der sinnreichen Anlage und kunstvollen Aus=
führung. Wie viele geniale Köpfe müssen hier zu haben sein;
solch ein Land muß eine schaffende Zukunft haben! Glück auf!

Heute sind es gerade vier Wochen, daß ich unter=
wegs bin. Wenn ich zurückblicke, welche zahlreichen,
interessanten und lehrreichen Eindrücke ich gewonnen,
wie gut ich mich dabei unterhalten habe, und wie gering
verhältnismäßig die Kosten dafür waren, kann ich nur
empfehlen, es ebenso zu machen, und wer es in der
Jugend thut, hat länger die Freude daran, wie sie mir
naturgemäß zugemessen sein mag!

Freitag, 16. Juni. „Guten Morgen! Haben
Sie gut geschlafen?" das ist ein Unsinn hier in Chikago.
Ich glaube, mein Hotel ist ein Rangirbahnhof, die
Dampfmaschine ließ die ganze Nacht die Wände zittern,
die großen Glocken der Lokomotiven, Nebelhorn und
Pfeifen waren die ganze Nacht in Bewegung. Ueber
Nacht ist unweit meines Fensters ein Dampfkaroussel
entstanden, das Schiffe in wellenförmiger Schaukel=
bewegung umherschlenkert. Soeben probirt man aus, bis
zu welcher Schnelligkeit man es drehen kann, ehe die
Insassen herausgeschleudert werden. Mein Neger steht
vor dem Spiegel, bürstet sich die Haare mit meiner
Kleiderbürste und will, ehe er sich an seine Art von
Kleiderreinigung macht, für jedes Stück 10 Cents bar
haben. Breakfast giebt es auf dem Zimmer nicht.
Meine Zeitung wird nur in der Ausstellung verkauft,
ist im Hotel nicht zu haben. Das ist ein liebes Land,
und diese Leute sprechen von Europa wie von einer Art
Neu=Seeland! Artikel in den Blättern über deutsche
Wahlen, Handels= und politische Verhältnisse muß man
lesen, um zu glauben, wie es möglich ist, dergleichen zu
drucken. Die Zahl der Unglücksfälle von gestern ist
beträchtlich. Ein Wagen mit sieben Personen ist von
der russischen Rutschbahn 20 Fuß herabgestürzt, drei
sind tot, die anderen erlitten schwere Knochenbrüche.
17 Kinder, die man gestern in der Ausstellung verloren
hatte, waren noch nicht abgeholt. Drei Menschen sind
verstümmelt, die, wie das hier üblich ist, während der
Fahrt eines Schnellzuges den Versuch gemacht hatten,
auf oder abzuspringen, zwei Frauen vom elektrischen
Car überfahren, vier große Brände in der Stadt, wo=
bei drei Bewohner und zwei Feuerleute verunglückt sind.
Die Liste der Scheidungen zählt sieben glückliche Paare.
Die gestrigen Wahlresultate werden durch Extrablätter

in den Straßen bekannt gemacht. Die deutsche Musik=
kapelle, welche eine Art militärischer Uniform hat, sieht
aus, als ob sie jetzt noch Metz belagere. Seit Berlin
ist natürlich keine Bürste an irgend einen Rock ge=
kommen, Knöpfe und Helmbeschläge sind grün oxydirt.
Jetzt ist es 11 Uhr, und Alles tanzt und schreit und
hantirt und schießt und schaukelt und läutet, als ob
Herr Eugen Richter nicht gewählt wäre. — Haben
Sie gut geschlafen?!

Gleich wenn man von Süden in die Ausstellung
tritt, ist rechter Hand ein Gebäude, das äußerlich der
Kathedrale von Sevilla mit der Giralda nachgebildet
ist. Es stehen drei Dampfmaschinen darin, deren ganz
neue Konstruktion, wie mir ein Techniker sagte, allein
die Reise nach Chikago wert wäre. Diese Maschinen
haben keinen anderen Zweck, als alles Mögliche gefrieren
zu machen, und um ihre Leistungsfähigkeit zu zeigen,
sollen sie im Innern dieses Hauses eine Eisfläche her=
stellen, auf der man große Winterfeste zu geben gedenkt.
Auf einem langen Molo, der in den Michiganfee hin=
eingeführt ist, hat der Berliner Architekt Rettig, jetzt
Stadtbaumeister von München, eine eigentümliche
Straßenbahn angelegt, die aus fünf Bahnen neben ein=
ander besteht, von denen jede einzelne mit einer Schnellig=
keit bewegt wird, daß man auch bequem von der einen
auf die andere steigen kann, ohne Gefahr zu laufen,
dabei hinzufallen. Die Bahnen sind aber gegen ein=
ander verzapft, so daß, wenn man auf Nr. 1 tritt, die
Bahn 2 durch die Verzapfung schon die Schnelligkeit
von Nr. 1 + derselben Normalbewegung hat und so
weiter, daß die Bahn 5, auf der die Sitze sich befinden,
fünf mal schneller als 1 geht. Der Zweck ist, daß diese
Bahn ohne Ende niemals zu halten braucht, sondern in
schneller Fahrt bestiegen und verlassen werden kann.

In der Maschinenhalle ist eine elektrische Maschine im Gange von 2000 Pferdekraft. Ich dächte doch, daß es interessant genug ist, solche Sachen zu sehen! Die deutschen Maschinen sehen musterhaft aus und finden allgemeine Anerkennung. Dicht am Seeufer ist das Kloster aufgebaut, in dem Columbus vor seiner Entdeckungsreise Aufnahme gefunden hatte. Daneben hat Krupp sich ein prächtiges Haus gebaut, worin ein armirter Panzerturm und ein Riesengeschütz sich befindet, das mit 42 Centimeter Mundweite redet und ein Geschoß von 2000 Pfund durch die Lüfte sendet. Alles sonst, was für und gegen Angriff und Verteidigung vorhanden, ist hier um ein Denkmal des alten Krupp versammelt und nötigt selbst die Amerikaner zum Staunen. Für Jemand, der, wie ich, Amerika bereist, kann es gar nichts Angenehmeres geben, als auf einem Spaziergang von allen Staaten Naturprodukte und Agrikulturerzeugnisse so charakteristisch zusammengestellt zu finden wie hier. Viele Menschen lesen dicke Bücher, behalten aber doch nur, was sie besprochen hören oder selbst sehen, um aber von jedem einzelnen Staate eine richtige Schilderung zu geben, müßte man von dem, was man hier mit einem Blick sieht, dicke Bücher schreiben. Lieber Leser! fürchte nichts — ich unterlasse es. In venetianischer Gondel fahre ich, von einem wirklichen venetianischen Gondoliere geleitet, zwischen elektrischen Booten über die Wasserfläche und trete in die Riesen=Industriehalle. Noch nie zu irgend einer Zeit sah man je in einer Ausstellung so geschmackvolle Einbauten, so übersichtliche und anziehende Arrangements, und auch in den Ausstellungsobjekten, unter denen wir manche alte bekannte Gegenstände finden, zeigt sich eminentes Fortschreiten.

Die deutsche Abteilung ist ein charakteristisch ab=

gerundetes Ganze aus Kabinettstücken und der besuchteste Ort im ganzen Jakfonpark. Die eisengeschmiedeten Gitter von Puls, die Leistungen der königlichen Porzellan=fabrik sind ganz erster Klasse, man hat dabei aber immer den Druck des Monumentalen. Wenn man gleich da=neben Wien und Paris betritt, erscheint dort Alles natürlicher, leichter, liebenswürdiger, eleganter. Wer mal bei uns was Ordentliches gemacht hat, will gleich einen Orden haben, oder Geheimrat werden, und wenn es soweit ist, schickt es sich nicht für ihn, was zu machen. Daher kommt es, daß wir viel einzelne Prachtstücke dort haben, aber — keine Kunst vertreten. Es wäre mir aber lieber, wenn das der Professor Reuleaux und nicht ich sagte. In musikalischen Instrumenten ist Amerika massenhaft und vorzüglich vertreten. Ueberhaupt darf man dem schaffenden Geiste der jungen Kraft nur Be=wunderung zollen, und man fühlt es hindurch, daß dies nur eine Durchgangsstufe ist. Ich kann nicht behaupten, ein tüchtiger Fußgänger zu sein, ab und zu gestatte ich mir auch wohl einen Rollstuhl, aber ich bin ungezählte Kilometer unterwegs, ohne eine Anwandlung von Müdig=keit zu verspüren, weil rechts und links und überall, wohin das Auge fällt, Merkwürdiges und Interessantes zu sehen ist, so daß man garnicht Zeit hat, an sich selbst zu denken. Ich habe mich fast ganz in der Aus=stellung niedergelassen. Ich bade mich dort, nehme meine Mahlzeiten ein, kaufe mir meine Zeitungen und fliege wie eine Biene von einem Pavillon zum andern, den Honig nehmend, wo ich ihn finde. Die Hortikultur=Ausstellung ist schon den 1. November vorigen Jahres mit den Pflanzen besetzt worden, was wohl der Grund ist, daß sie heute alle sehr frisch und schön aussehen. Das Palmenhaus und Eucalyptus globulus strotzen in Gesundheit, den übrigen Teil der Gartenausstellung hätte ich mir schöner gedacht. Jeder der Vereinigten Staaten hat ein Spezialhaus, das auch in der Bauart den Charakter des Landes wiedergiebt; von diesen zeichnen sich ganz besonders Washington durch eine kleine, vollständige, lehrreiche Ausstellung aus. Florida strotzt in Blumen und Mais und San Franzisko in Prachtfrüchten. Idaho hat ein Blockhaus, das allein schon ein kleines Museum ist. Arkansas sieht wie eine landwirtschaftliche Ausstellung für sich aus, von den Kohlen= und Petroleum = Distrikten garnicht zu reden. Mich interessirten namentlich die ethnographischen Dar= stellungen und das Tierleben, in dem ich eine Menge von Sachen fand, die wir in Europa anders, also falsch, bezeichnen. Hier wird der unserem Elch ähnliche Moos von den in Kanada und den südlicheren, der noch ver= einzelt in den schwarzen Bergen vorkommt, unterschieden. Der Unterschied mit unserm Elch ist der, daß er die Schaufeln mit drei Sprossen als Augensprosse schärfer teilt. Der Ausdruck Whapiti=Hirsch ist hier gänzlich unbekannt. Man nennt diesen in den schwarzen Bergen heimischen Riesenhirsch Elf. Außer diesem giebt es noch einen prachtvollen starken Hirsch im Arkansas, dessen Geweih mehr dem ungarischen nahe kommt. Er wird am Hals und Rücken sehr dunkelbraun. Die gabel= förmige Antilope fängt an, recht selten zu werden. In Texas giebt es eine schwache Löwenart, die auch im Aussterben begriffen ist, dagegen findet man das Ozelott, die kleine Tigerkatze, öfter. Die kalifornische Ausstellung war so schön, daß das Publikum immer von Zeit zu Zeit in lebhaften Beifall ausbrach. Utah, das Paradies der Vielweiberei, schien große Neugier zu erwecken und zeigte sehr schöne Stickereien. Von Indianern war so viel wie nichts in der ganzen Ausstellung außer Buffalo Bill zu merken. Großes Interesse erregte der Pavillon für das Kind und der Palast für Frauenarbeiten. Die Abteilung der Großherzogin von Baden, dann die russische Ausstellung daselbst, waren ganz hervorragende Leistungen. Auch unter den Bildern von Malerinnen waren treffliche Sachen. Wenn man angestrengt Stunden lang beschäftigt war und sich dann unvermutet am Ufer des Michigan-Sees befindet, vergißt man alle anderen Eindrücke im Genuß der kühlenden Luft, dem Spiel der Wellen. Man glaubt sich in einem Seebade, hat im Gemüt nur für Frieden und Ruhe Raum. Ich habe es mir zur Aufgabe gemacht, hier meine ersten unmittelbaren Eindrücke gleich festzustellen, weil man sich schnell an die Umgebung gewöhnt. Heute zum Beispiel stört es mich garnicht, daß neben mir Klavier= unterricht, auf dem Korridor spanische Zither mit Gesang in anderer Tonart und vor meinem Fenster geradezu ein Hexensabbat ist. Drehklavier, Orchestrion, Karussell, Leierkasten, Schießen und Indianer-Ueberfälle zu gleicher Zeit! Ich höre das heute garnicht mehr; die Eisenbahn= glocken, das Bremsen und die Dampfmaschinen sind aber heute noch toller wie gestern.

In der Wiener Krystall=Ausstellung traf ich mit dem Herzog von Veragua zusammen, er rief jedoch weder „Land, Land!", noch machte er den Versuch, das Ei aufzustellen, er sah aber so zufrieden aus, als ob er und nicht sein Ahn es gewesen, der den Chikagoern zur Weltausstellung verholfen hat.

Sonnabend, 17. Juni. Nach der heutigen Morgenzeitung waren gestern 100,000 Menschen in der Ausstellung und fünf haben dort durch Unfälle das Leben gelassen. Ich stecke mir auch schon immer meine Karte mit Hotel=Adresse ein für alle Fälle. Ich vergaß, daß ich bei der Ankunft der Infantin Eulalia in Niagara leicht zum Ende hätte kommen können. Ich saß in der Vorhalle des Hotels, im Schaukelstuhl, als ich bemerkte, daß zwei Pferde mit einem Wagen ohne Kutscher durchgingen. Im Gefühl des alten Kavalleristen warf ich mich den Pferden entgegen, wurde etwa 50 Schritt von ihnen geschleift und stellte sie wenige Schritte vor einem Gerüst, an das sie mich sonst sicher gedrückt hätten. Dann kam der Kutscher gelaufen, nahm die Zügel, setzte sich auf und fuhr sehr amerikanisch ohne „danke schön" davon. Da erst fiel mir ein, wie überflüssig es ist, sich um Sachen zu kümmern, die einen nichts angehen. Sehr ungern hätte ich damals meine Reise unterbrochen! Heute ging es wieder recht früh ins Gerudere. Massachusetts hatte sein Ausstellungs= haus eröffnet. Schon um 10 Uhr waren 30° Reaumur. Ob man in der Nähe von Wasser ist oder nicht, macht gar keinen Unterschied. Die elevated=Bahn fährt mit etwa 12 Stationen in einem Kreis durch die Ausstellung, da lassen sich viele Punkte leicht erreichen und außerdem hat man von oben einen sehr schönen Ueberblick. Ich fuhr gleich bis zum deutschen Hause, mußte aber zuviel davon gehört haben. Ich liebe den jetzt so bewunderten bayrischen Bierhausstil nicht, fand im Innern einen unordentlichen Buchbinderladen, der so überfüllt war, daß man überhaupt nichts finden konnte und auch Niemand sah, der Auskunft zu geben vermochte. Jeden= falls habe ich Unglück gehabt, denn Andere fanden es wunderschön. In der Ausstellung ist dies Haus Mode und zu allen Zeiten mit Besuchern vollgepfropft. Nun suchte ich den Palast der schönen Künste auf, in dem man, geschubbst und getreten, nicht zur Freude des Genusses kam. Alle Nationen haben das Beste geschickt was sie hatten, und zwar nicht nur Früchte der letzten Ernte, sondern das Auge weilt da mit Vergnügen auf manchen alten Bekannten. Ich bin weit davon entfernt,

kopieren oder gar eine Kritik geben zu wollen. Bei der
kleinsten Ausstellung giebt es ja in jeder Zeitung eine
Masse vergifteter Berufsleute, welche die Weisheit mit
Löffeln zu sich genommen und dabei Alles von sich geben
was sie gelernt haben, mit den tötlichsten Streichen auf
die armen Künstler. Das Alles geschieht nur, damit
sie von ihrer Zeitung nicht fortgeschickt werden... Ich
gehe wie in freier Natur spazieren, sehe grüne und
gelbe Felder, blauen Himmel und Wasser und Wälder
— ich sehe dann auch Tiere, Menschen und Käfer, aber
nur so, wie sie mich beim Spaziergang erfreuen. Bei
diesen tausend und abertausend Bildern und Skulpturen
kann garnicht die Rede davon sein, sich in Einzelheiten
zu vertiefen. Man sieht Nationen, man erkennt den
skeptischen Gedanken nordischer Winterabende, wie die
südliche Glut der Sonne, reflektirende Stimmung und
lachendes Leben. Dem Himmel sei es gedankt, daß die
neueren modernen Schmierfinken, welche anarchistische
Vorwände mit Petroleum sudeln, hier noch nicht in der
Kopfstärke vertreten sind wie jetzt in Europa! Die
Amerikaner werden ja aber das wohl auch noch
lernen. Was diese Teufelskerle einmal anfangen,
machen sie denn auch gleich gründlich! Das kann also
später noch vielversprechend werden! In der deutschen
Ausstellung preßten sich die Beschauer stets vor dem
Freibergschen Bilde des Kaisers. Spanien, Holland,
war sehr vorzüglich vertreten, Italien sehr zahlreich,
Frankreich trat vor allen hervor, Oesterreich = Ungarn
machte sehr günstigen Eindruck.

Kanonenschläge, Musik, Pauken, Glockengeläute aber
rief wieder Alles heraus, denn die Plaisance, d. h. die
Straße, in der alle Nationen ihre Schaustellungen
aufgeschlagen hatten, machte einen festlichen Umzug durch
die Ausstellungsgründe, der zwei Stunden währte:

Chinesen mit einem Drachen, der von 24 Menschen getragen wurde, Japaner mit allen Gewerken, Anam, Siam, Java, in den phantastischsten Prachtgewändern, indische Kult=Attribute, Australneger und eine ganze Karavane aus Afrika, Sulukrieger, Fakire, Derwische, davon an 20 Menschen fast nackt, ein Mekkapilgerzug, Perser 2c. Natürlich schrie Alles wie am Speer, schwitzte, geberdete sich, als hätten sie schon den Sonnenstich. Infernale Musik mit Pauken, kurz, es war wunderschön und sehr angenehm! Halt! eins hätte ich bald vergessen: die sehr schönen Weiber der orientalischen Völker wurden in dem bischen Kostüm, was sehr charakteristisch war, zu vieren in Landauern gefahren, sprißten Wohlgerüche umher und warfen Leckerbissen und gemachte Blumen. Drei Kutschen mit Menschenfleisch enthielten 12 Ladys, die preisgekrönt aus der Schönheitskonkurrenz hervorgegangen waren. Sie schienen weniger als die Sulukrieger den Sonnenstrahlen widerstandsfähig zu sein; Kameele, Büffel, Renntiere, Estimos, bis über die Ohren in Pelzen, dabei die Feuerwehr querdurch, um schnell einen kleinen Schaden zu besänftigen. Kurz, es war ein Chikago würdiger Nachmittag — uff!

Der Sonnabend Abend und ein großes Feuerwerk hatten eine Unmasse Menschen in die Ausstellung gelockt. Man schob sich nur langsam vorwärts. Die sämtlichen Gebäude zeigten, ihrer Architektur angemessen, Linien in elektrischem Licht. Säulen, Kapitäle, Friese, Frontispice, die Umgebung der Gewässerbrücken, Türme strahlten in ruhigem weißen Licht, die Ausstellung tageshell erleuchtend. An gewissen Knotenpunkten markierten Flambeaux die Trennung. Aus den Bassins stiegen die fontaines lumineuses. Eine Stunde lang war der Himmel gegen den Michigan=See hin bedeckt

mit Leuchtkörpern aller Formen und Farben, und un=
unterbrochene Kanonenschläge, wie in der Schlacht. Alle
Bahnen oben und unten, sausten mit Beleuchtungskörpern
geschmückt hin und her, dazu die in den grounds zer=
streuten Musikkorps, die feierliche Stille des Publikums
— das Alles machte bei dem herrlichen Wetter diesen
Abend zu einer angenehmen Erinnerung an die Columbia
in Chikago.

Kurz vor dem Schluß wurde durch Extrablätter
und Ausrufer die Entscheidung des Streites, ob die
Ausstellung auch das Sonntags geöffnet sein sollte,
in den lakonischen Worten: The faire is open! an=
gekündigt, was allgemeinen Jubel hervorrief. Peinlich
hatte man es vermieden, die Ausstellung zu einem
Jahrmarkt oder Messe zu machen, und nun war ihnen
doch unbewußt der Ausdruck faire entschlüpft.

Sonntag, 18. Juni. Die Ausstellung hatte
mich bisher so vollständig in Anspruch genommen, daß
es mir erst heute morgen einfiel, daß ich von der Stadt
Chikago noch garnichts gesehen, kaum an sie gedacht
hatte, aber heute will ich beginnen, dies Versäumnis
wieder nachzuholen. Wenn man in der Ausstellung
den unermeßlichen Reichtum an Naturprodukten des
amerikanischen Zentrums und Westens sieht, findet man
die Verhältnisse in Chikago schon ganz natürlich. Es
handelt sich ja nur darum, diesen Reichtum weiter zu
schaffen, um ihn der ganzen Welt zugänglich zu machen.
Die Tausende von Millionen, die dabei in Chikago
sitzen bleiben, sind nichts als billige Prozente des
Transito=Geschäfts. Chikago hat das Glück, im Knoten=
punkt zu liegen, in dem naturgemäß alle Kohlen=,
Petroleum=, Hölzer=, Getreide=, Früchte= und Vieh=
transporte des Hinterlandes zusammenströmen. Diese
Fächerstrahlen reichen bis Alaska für den Pelzhandel,

bis Oregon für Hölzer, bis St. Franzisko für Früchte, bis Texas für Vieh, bis ins Mississippithal für Getreide, bis Pennsylvanien für Petroleum und Kohlen. Das sind nur die Baßinstrumente der Handelsmusik! Es giebt da noch viele Solo- und Quartettbedürfnisse, die sich bis Florida, die Ostküste und sogar bis New-York erstrecken. Es handelt sich darum, alle diese Massen wieder schön verpackt, bearbeitet, bunt etikettirt, mit der nötigen Reklame weiter zu instradiren, und das haben die Bureaukönige in Chikago in ihren 15- bis 20stöckigen Palästen begriffen und verstanden. Der Hafenverkehr in Chikago ist dem von London und Antwerpen gleich, und die Handelsflotte, welche von Chikago aus die Seen befährt, hat einen Tonnengehalt von 1,300,000 Tonnen in 1600 Dampfern und 2000 Segelschiffen, d. h. nur um ein Geringes weniger als das gesamte Seewesen von Deutschland, welches 1,468,000 Tonnen in 941 Dampfern und 2700 Segelschiffen repräsentirt. Nord-Amerika hat 25,000 Kilometer mehr Eisenbahnen als ganz Europa, und der ganze Warentransport zur See ist nur ein Viertel von dem, was durch die Bahnen expedirt wird. Die Seen allein stellen ein Areal dar, das Europa an Größe gleich ist. Wenn man das mit dem Blick auf die Karte liest, wird man es begreifen, weshalb Chikago das Bedürfnis hat, sich der Welt in Erinnerung zu bringen, und im stande war, eine Weltausstellung von dieser Bedeutung zu schaffen. Im Jahre 1830 hatte Chikago 200 Einwohner in wenigen Holzhütten, und heute machen alle Völker vor ihnen den Veitstanz, um ein bißchen von dem Gewinn zu teilen. Gestern in dem Aufzug der wilden Völker, der Fakire und Derwische zogen auch sechs Schweizergardisten des Papstes in Gala vorüber, die zur Bewachung eines Modells der Peterskirche hier sind. Es machte sich sehr schön, aber des weiteren Kommentars darüber will ich mich enthalten! Der Nachkomme von Kolumbus, der Herzog von Veragua, ist hier nichts Anderes als eine Art Barnumscher Kalakaua, ein Schaustück bei erhöhten Preisen!

Am 14., am deutschen Festtag, hörte man im Publikum viel schwäbeln, jüdeln und sächsisch reden, an den andern Tagen habe ich von den 400,000 deutschen Einwohnern Chikagos recht selten ein deutsches Wort gehört. Nur im Fall der Not, wenn der falsche Zug genommen, oder der Anschluß verfehlt war, brach der Jammer recht deutsch durch, sonst war alles very fine und sehr beautifull in the german faire. Die deutschen Zeitungen bringen jeden Totschlag aus der Heimat und schimpfen in wüster Weise auf jede Regierung. Eugen Richter wäre hier König, was er so gerne bei uns wäre. Zwischendecks-Geschlecht!

The worlds faire ist von dem Zentrum der Stadt so weit, wie Köpenick von Berlin, aber die Züge sausen nur immer hin und her und sind jedesmal überfüllt. Die Stadt Chikago streckt sich 22 Meilen am Ufer des Michigan-Sees hin und reicht weit in das Land hinein. Nach Norden und nach Süden liegen weite hübsche Parks mit Wasserflächen, kindlichen Standbildern, guten Wegen und nicht genug Schatten. Die Straßen dahin sind mit sehr originell gebauten Villen besetzt, die von kleinen Gärtchen umgeben sind. Je mehr man sich dem Mittelpunkte der Stadt nähert, desto übler wird das Pflaster und der Schmutz wird schon eine lackirte Kruste. Die widerwärtigste Reklame in bunten Schilder-Affichen und Hausbemalungen aller Art verwirren das Auge; elevated, elektrische, grip und Pferdebahnen werden während des Fahrens besprungen und verlassen. Eine antipathische Gattung von Menschen, mit Kautabak im

Munde, den Hut hinten im Genick, schreit, spuckt, stößt, rennt, kümmert sich um nichts als um den Vorteil, dem sie nachjagt. Die Menschenmassen wachsen so an, daß die Trottoirs nicht mehr breit genug sind sie zu fassen; der Fahrweg und die Geleise sind dicht besetzt. Auf den Trottoirs schieben sich meistens Damen langsam vorwärts, Männer und Jungen springen auf dem Fahrweg schreiend hin und her, um vorwärts zu kommen, lange Wagenreihen halten, weil es unmöglich ist durchzukommen, da kommt die Feuerwehr, jagt hindurch und Alles schubbst sich weiter. In dem Trubel hat man es fast garnicht bemerkt, daß die Straßen voll Nebel, Dampf, Rauch, Schmutz sind, die ganze Luft nach Syrup riecht. Bis dahin gab es nur 6—8stöckige Häuser, jetzt wachsen sie zur doppelten Zahl an und werden so scheußlich und abstoßend in ihrem Aeußeren, beengen die Straßen und bedrücken das Gemüt derart, daß man am liebsten die Augen schließt, um diese verkrüppelten Giraffen garnicht zu sehen, wenn das rohe Geschrei nicht immer ein Unglück vermuten ließe. Es werden aber nur unzerreißbare Hosen, Versicherungen, Billets und wer weiß was ausgeboten. Die innere Stadt Chikago sieht wie die Phantasie eines Verrückten aus, und wenn sie nicht so bemerklich stänke, würde man glauben, es sei ein böser Traum. Um einen Ueberblick über dies große Mißverständnis zu haben, ging ich nach dem Hotel Auditorium, bestieg den Fahrstuhl und fuhr mit Blitzesschnelle bis in den 18. Stock, stieg dann noch zwei Stocktreppen und blickte auf dieses Babylon. Es schien soeben unterzugehen, denn in unmittelbarer Nachbarschaft, d. h. Wand an Wand, brannte soeben eine 12stöckige Teppich=Niederlage seit dem Morgen. Die Flammen schlugen bis oben hinauf und schwarzer Qualm hüllte das ganze Firmament ein. Also wieder herunter! Dies geschah aber in solcher Schnelligkeit, daß die Bewegung fast dem Falle gleichkam. Ich war zwar darauf vorbereitet, dachte aber doch, daß ich mein junges Leben hier lassen müßte und war sehr erstaunt, den lift boy ruhig die Thür öffnen zu sehen mit dem üblichen Gebrumm „ground floor." Sechs Dampfspritzen arbeiteten seit vier Stunden, dann aber war die zwölf= stöckige Pappschachtel ein kleines Häuschen schwarzer Schmutz geworden, und wenn es nicht Sonntag gewesen, hätte der Architekt vielleicht schon den Auftrag, durch einen verrückten Bau den Nachbar zu übertrumpfen. Nachdem ich noch das 21 Stock hohe Freimaurer=Haus angesehen hatte, daß mir dabei hinten der Hut herunter= fiel, machte ich mich noch mit dem Schiller=Theater bekannt, das in ähnlichen Dimensionen einen herrlichen Theatersaal für 4000 Menschen enthält, der ohne Säule mit flacher Bogendecke überspannt ist. Diese Saaldecke trägt über sich ein Hotel mit sieben Stockwerken. Schiller drehte sich im Grabe herum, wenn er wüßte, daß da seine Räuber gegeben werden; daß es da mal zum Krach oben oder unten kommt, kann man wohl sicher annehmen. Haus Schuhmacher, Haus Marschall Field sind Ungeheuerlichkeiten; das Rathaus hat groß= artige Verhältnisse, doch kommt man nicht zum gerechten Beurteilen, weil Alles stinkt, klebt, schreit. Nachdem ich noch ein Jammerpanorama vom Brande 71 gesehen hatte, passirte ich ein sechsstöckiges Haus, welches elf Fuß gehoben war, um ihm einen Stock unterzubauen — dabei hatte man zugleich das Haus richtig in die Straßenfront gerollt, wo sonst ein Vorgarten lag. Es erinnert mich an den Bau der Hauptpost in der Leipziger Straße von Berlin. Man hatte das Baugerüst in der beabsichtigten Höhe des Hauses fertiggestellt und oben eine Zinkgallerie befestigt, um von unten die

Wirkung der Säulenweiten zu prüfen, der Berliner aber sagte: Stephan ist doch ein genialer Mann, nun fängt er die Post von oben an zu bauen. Den Fluß Chikago kann man, wie unsere Panke, nicht passiren, ohne sich die Nase zuzuhalten. Vielleicht wird die Panke auch mal dieselbe Bedeutung haben, wenn der Kriegshafen Berlin bis in den Mississippi erweitert wird. Drei bis vier Brände giebt es hier stets zugleich, und diese un= natürlichen Ursachen erklären auch die ungeheuerliche Ausbreitung des amerikanischen Versicherungswesens, das sich ja bereits über ganz Europa erstreckt. Im nördlichen Lincolnpark mochten sich etwa 50,000 Menschen zu ihrer Sonntagsfeier befinden. Ich habe nur zwei anständige Equipagen gesehen, aber eine unglaubliche Masse übeln Gerümpels mit mäßigen Pferden, sehr schlecht angespannt, und Alles, fast ohne Ausnahme, roch stark nach Zwischendeck und Auswanderern und machte die Abneigung der anderen amerikanischen Städte recht erklärlich. Die Habgier nach Geld läßt den Mann nicht zu elegischer Stimmung kommen. Heirat und Scheidung geht hier so glatt wie Butter, aber die amerikanische Frau und das Mädchen scheint dieser Regung auch entfremdet zu sein. Von Jugend auf fühlt sie sich allein und lernt im Leben, mit festem Willen sich auf eigene Füße zu stellen. Sie lernt viel mehr in der Schule als ihr Bruder, der halb erwachsen schon in irgend einem kaufmännischen Zweig ein Unterkommen findet. Der Bruder, der seine Kinderstube bald vergißt, bleibt unerzogen, hat was Rohes und Hartes. Die Schwester arbeitet, steht allein, unterrichtet sich wo sie nur kann, ist natürlich ohne jede Koketterie, ablehnend, kalt und hart. Sie zieht sich chic an, nicht um zu gefallen, sondern weil es ihr gefällt. Der Bruder kaut Tabak und spuckt, hat durchaus nicht den Wunsch, irgend

Jemand zu gefallen. Sie ißt den ganzen Tag aus der Tasche gerösteten Mais und laut dabei so sichtbar un= schön, als wollte sie alle Grazien und Anbeter damit vertreiben. Alle Augenblicke steht wo ein lächerliches Kerlchen vier Fuß hoch aus Bronze auf einem kleinen Steinunterſatz, bald soll das Lincoln, bald Grant, bald Linné, bald Schiller sein, von einem Dutzend solcher Dinger würde man kaum einen ordentlichen Moltke oder Bismarck machen können.

Diese ſtänkrige berühmte Weltstadt Chikago widerte mich so an, daß ich mich nach der Ausstellung zurück= sehnte. Ich fuhr mit einem dreistöckigen Riesendampf= boot dorthin, welches am deutschen Tage bei einer Fahrt 5000 Menschen aufgeladen hatte. Der Anblick von Chikago ist herrlich und das schönste dabei, daß man dem Orte entrückt ist. Wie Möven ziehen massenhaft die weißlackirten Dampfer hin und her, das Auge bald hier bald dort fesselnd. Es ist der schönste Sommer, Luft, Licht, Himmel und Wasser wie in Neapel. Die feuerspeienden Berge sind nur die Riesen= kasernen der Stadt. Je näher man der Ausstellung kam, desto mehr überraschten die herrlichen Gebäude, Säulen, Statuen, Kuppeln und Galerien. Entzückend ist ein Gang durch solche Harmonie, und wenn man das Schmutzneſt Chikago gesehen hat, fragt man sich, wer konnte soviel Schönes, Herrliches, Harmonisches denken und schaffen, und doch wohnt Mr. Palmer in einem jener Riesenkäſten! Erst werden Schweine gestochen, und für das Geld alle Bildung, Geist und Kraft gekauft zum Spiegel für alle Zeiten!

Montag, 19. Juni. Die Woche fängt gut an; erstens waren es 32° Reaumur, dann aber wollte ich keine Programmänderung herbeiführen, und so ging es denn hinaus nach den United Stock=Yards, von denen ich so viel gehört hatte. In Chikago sieht man nichts von Getreide, Holz, Kohlen und alledem, was den Platz so groß gemacht hat, sondern nur Bureaux und Reklamen. Vieh hatte ich nicht ein Stück gesehen. Nach einer Stunde Fahrt am Südwest=Ende der Stadt stellt sich dem Auge ein wunderbares Bild dar. Eine Stadt von großen Fabrikgebäuden war, wie es schien, meilenweit mit einem Rost von Holzeinfriedigungen um= geben, die in festen Balken immer viereckige Plätze für 100 Stück Rindvieh einschlossen, jede Bucht hatte Futter= und Wassertröge, die eine Länge von 10 Meilen haben, die Länge der Abzugskanäle aber beträgt 30 Meilen. In den Wegen dazwischen schien ein aufgelöstes Regiment von Pikadores zu reiten und Alles war in Eile und größester Ordnung. Das Vieh sah wunderschön fett und wie ausgestopft aus, dann folgte eine solche Trift für Schweine und solche für Schafe. Endlich waren auch im Bureau von Armour & Comp. die Formalitäten erfüllt; ein kleiner boy übernahm die Führung zu den Schweinen. Eine Herde drängte sich in einen immer enger werdenden Gang, dort standen vier halbnackte Athleten, die eine Klammer am Ende einer eisernen Kette dem Tiere über dem Sprunggelenk eines Hinter= fußes befestigten. Im Augenblick wurde die Kette angezogen, das Schwein hing mit dem Kopfe nach unten einen Meter hoch über dem Boden, in der nächsten Abteilung nur so lange, daß es den Todes= stich in die Gurgel bekommen konnte. Dieser Schlächter, ein junger Mensch mit freundlichem Mädchengesicht, war allerdings in Blut gebadet. Im nächsten Augen= blick lag das tote Schwein in einem Bade kochenden Wassers, wurde durch eine sinnreiche Maschine gezogen, in der sämtliche Borsten abrasirt wurden. Dann legte die Maschine den Körper auf einen langen Tisch,

an deſſen Seiten ſich etwa zehn Paar Schlächter ein=
ander gegenüberſtanden. Beim erſten Paar verſchwand
der Kopf und die Eingeweide, beim zweiten Paar ſah
man nur noch vier Stücke, beim dritten verſchwanden
die Knochen, dann ging die Prozedur durch einen Ge=
frierraum, hierauf wurden die einen Teile geſalzen, die
andern geräuchert, und noch andere in Wurſt= und
Blaſenform gebracht, dann ſtanden nur noch Tonnen,
Blechbüchſen, Holzkiſten ſignirt und ſchon etiquettirt da,
wurden auf Eiſenbahnwagen geladen, plombirt und fort=
gedampft. Dieſe ganze Prozedur, die ich hier beſchrieben,
begleitete ich bei einem Schweine nach der Uhr in
zwanzig Minuten. Nach dem amtlichen Rapport wurden
heute — am 19. Juni — auf dieſe Weiſe 26000 Stück
à 6¹⁄₂ Dollars geſchlachtet und verſchickt. Außerdem
wurden heute noch 10000 Schafe und 17000 Stück
Rindvieh in ſelber Weiſe behandelt. In der Fabrik iſt
eine Kiſtenmacherei und eine Blechnerei. Außerdem
wird von dem Fett nebſt Mehl und Eiern und anderen
Zuthaten maſſenhaft Margarine hergeſtellt und in die
ganze Welt verſchickt. Aus den Knochen wird Leim
gekocht, und ſogar der Dung und die Hörner werden
verwertet. Sobald die Ochſentour beginnt, werden die
Thore der Triften geöffnet. Die Ochſen drängen ſich
in die breiten Gänge, und Unkenntnis oder Ehrgeiz
treibt jeden vorwärts. So iſt es ein eigentümliches,
ſchauerliches Schauſpiel, Hunderte von Ochſen in voller
Karrière ihrem Ende zutreiben zu ſehen. Der in der
Ochſentour alle anderen überflügelt hat, kommt zuerſt
an die Reihe, und wenn er auch noch ein ſo großes
Rindvieh iſt, er wird klaglos abgethan. Amen! Es
exiſtiren drei große und mehrere kleinere ſolcher
Schlächtereien, die in den united Stock Yards unter=
gebracht ſind. Jedes Jahr werden dort im Durchſchnitt

drei bis vier Millionen Stück Rindvieh, acht bis neun
Millionen Schweine, zwei bis drei Millionen Schafe
und etwa 100 000 Pferde im Gesamtwert von etwa
240 Millionen Dollars verarbeitet. 25 000 Arbeiter
sind dabei beschäftigt. In unserem lieben Vaterlande,
wo das größte Heldentum die Regirung oder der
Widerspruch ist, dürften wenig Menschen sein, die sich
von dieser Sache ein richtiges Bild machen könnten.
Diejenigen aber, die Margarine essen, ohne es zu wissen
und nicht wissen wollen, was aus Schinken, Würsten,
Rauchfleisch, beaf thee für zwanzig Millionen Dollars
wird, hätten ganz gut daran gethan, die Sache selbst
hier während der worldsfaire sich anzusehen!

Diese Betrachtungen über die Ochsidentalen hatten
mich so blutig ergriffen, daß ich von dort direkt in die
Plaisance zu den Orientalen fuhr. Jede einzelne Nieder=
lassung wurde gemustert. In Kairo habe ich drehende
und heulende Derwische, Ringer, Stockfechter und Säbel=
virtuosen gesehen. In Dahome habe ich Kriegstänze
erlitten und Südsee = Insulaner in ihrem Familienleben
belauscht, dreiviertel Stunden lang suchte ich im chinesi=
chen Theater hinter den Sinn des aufgeführten Stückes
zu kommen. Die Darstellung in der Hagenbeck=Arena
half mir zu neuen Kräften, um dann die preisgekrönten
Engel aus der Schönheits = Konkurrenz zu bewundern.
In Alt=Wien lauchte ich mit Zigeunermusik und blauer
Donau. Im deutschen Dorf glaubte ich in Berlin in
der Philharmonie während eines Künstlerfestes zu sein.
Zwei Leute zankten sich über Richter und Windthorst,
einer rief nach Bier, und phantastische Landsknechte
und Musiker in der Uniform der Garde du Corps
schwitzten mehr als nötig war. Kurz, es war bei 32°
Reaumur Alles und noch ein bißchen mehr zu sehen.
Ich hatte schon einen Niagara von ice cream, ice water,

ice lemonade, sweet ice cider, ice thea, ice coffee und
wer weiß was alles noch mit ice zu mir genommen,
und wenn ich nicht zur Zeit noch einen Rollstuhl er=
wischt hätte, wäre ein Sonnenstich mein Schicksal ge=
wesen. So aber ließ ich mich für einen Dollar die
Stunde noch an wundervollen, herrlichen Sachen vorüber=
fahren, musterte eingehend die russische prachtvolle Aus=
stellung, sah noch die Leder= und die Forst=Abteilung
der Vereinigten Staaten und fuhr bei neigender Sonne
am Seeufer entlang und durch die herrliche, entzückende,
weiße Stadt der Prachtpaläste der Ausstellung; dabei
hatte ich alle Ochsen vergessen, wurde heiter und glück=
lich und fühlte mich beneidenswert, so viel Schönes
sehen zu dürfen! Ich habe gar keine Anwandlung,
mich nach der schmutzigen, verrückten Stadt Chikago zu
begeben, ich finde in the worlds faire Alles, was mich
erfreut und beschäftigt, und bin sehr zufrieden, fünfzig
Schritte vom Eingangsthor zu wohnen, um den Tag
so oft es mir beliebt dort zuzubringen. Möglicherweise
mag ich mich heute etwas mehr als sonst angestrengt
haben, oder ist der Standal in meiner Umgebung heute
mehr als sonst. Ich schnüre mein Bündel und schüttele
den Staub von meinen Schuhen! In wenigen Tagen
geht es erst nach dem Süden bis St. Louis, und dann
in the wild west. Bis San Franzisko sind noch
2000 Meilen zurückzulegen, und fünf Wochen sollen bis
dahin mir noch viel Schönes und Eigentümliches zeigen.
Bei aller Hochachtung für Stephan muß ich zu meinem
Kummer sagen, daß ich in Amerika bis jetzt nur zwei
Briefe und zwei Zeitungen bekommen habe und täglich
die Office mit Fragen peinige. Liegt das nun an der
Post oder — meinen Freunden?

Dienstag, 20. Juni. Es ist doch ein himm=
lisches Land! Seit drei Tagen rufe ich nach meiner

Wäsche! Es wird geschickt, telephonirt, aber die Wäsche kommt nicht. Der wohlwollende manager in der office sagt halb vorwurfsvoll, weshalb ich denn keine farbigen Hemden trüge und Papierkragen? Es scheint, als ob es nicht üblich ist, hier farbige Hemden zu waschen. In tropischer Glut von 32° Reaumur entlud sich zwei Stunden lang ein tolles Ungewitter über Chikago. Dann hatte sich die Temperatur bis auf 28° ermäßigt. Nun, man muß hier auch schon damit zufrieden sein! Man wird hier bescheiden. Kossak sagt, wenn Du nach der Schweiz reisest, kaufe Dir einen Hut mit fester Krempe, denn es ist unglaublich, wie vielen Berlinern man dort begegnet. Hier in Chikago, überhaupt in Amerika, vergesse man nicht die Gummischuhe, denn ein zwei= stündiger Regen verwandelt die neue Welt gleich in einen Urbrei, der liebevoll alle Straßenlöcher ausfüllt. Wenn man über die Straße geht, möchte man zwei= bis dreimal um Hilfe rufen. Die Cowboys aber gehen ohne Notschrei durch.

Der Ausstellung schadet nasses Wetter in jeder Be= ziehung, einmal am Besuch, dann aber an allen Ecken und Kanten, indem es die Bauten, Anlagen und Wege defekt macht. Die Ausstellung deckt ein Areal von 1200 Morgen, und man muß gut zu Fuß sein, wenn man was sehen will. Gestern verzeichnete der offizielle Rapport fünf Sonnenstiche, heute sieht man nur Ge= stalten mit aufgekrempelten Hosen, nassen Regenschirmen, die über Wasserpfützen springen, Nichts hübsch und Alles naß finden.

. Mittwoch, 21. Juni 1893. Falb würde in Chikago gelyncht werden, denn hier kann man Alles, nur nicht schlechtes Wetter vertragen. Man hatte täg= lich, wie schon bemerkt, auf 250 000 Besucher gerechnet, und thatsächlich finden sich täglich nur 75 000 ein. Jede

Zeitung ist mit einer Liste von Bankerotten geschmückt. Unsere Aussteller werden zufrieden sein, wenn sie ihre Sachen ungefährdet zurück haben werden. In unmittelbarer Nähe der worldsfaire ist eine Stadt von Hotels entstanden, die, hoch versichert, wohl kurz vor Schluß abbrennen werden. Es wäre ein Jammer, wenn sich das Feuer in die Ausstellung selbst verbreitete, ist dann aber nur eine Frage der Windrichtung! Dem Hotel war heute das Eis ausgegangen, auch die elektrische Beleuchtung funktionirte vielfach mit Störung. Ich kann nicht leugnen, daß ich schon rekognoszirt habe, ob ich im Notfalle mich auch vom Balkon aus in Sicherheit bringen könnte. Hier gilt nicht mal der Spruch: „Heiliger Florian, beschütz' mein Haus, zünd' and're an".

Buffalo Bill hat seinen Vorstellungen ein erweitertes Programm gegeben, indem er von deutschen, französischen, englischen und amerikanischen Ulanen, je zwei Züge, militärische Evolutionen ausführen läßt. Den Vortritt vor allen Nationen müssen aber natürlich wieder die Franzosen haben. Es ist, als hätten sie uns geschlagen! Sie werden auch jedesmal mit vieler Sympathie empfangen. Sonst hört man nur englisch sprechen und deutsch merkwürdig selten. Es kommt wohl daher, daß die deutsche Zuwanderung sich aus den Schichten der Gesellschaft rekrutirt, denen mehr oder weniger die deutsche Bildung fehlt, und die das Gefühl der größeren Unabhängigkeit erst kennen gelernt, nachdem sie sich zu den heimatlichen Verhältnissen in Gegensatz gestellt haben. Die Entziehung der Militärpflicht spielt dabei eine große Rolle. Die Hauptsache für diese Leute ist überhaupt, einen Platz zu finden. Wenn sie nur irgend etwas anfangen, was es auch sei, so geht es schon, aber dieser erste Schritt ist schwer. Es hat warmes Wasser geregnet, nun sind es wieder 30° und die Zeitungen sagen, daß es in Europa nicht anders ist. Von dem Verbrauch von ice cream with Soda macht sich aber ein Europäer gar keinen Begriff. Die letzten Tage haben eine Menge hübscher Gesichter auf der Bildfläche erscheinen lassen. Ich bin heute recht fleißig gewesen, habe mich für meine weitere Reise dadurch vorbereitet, daß ich Hawaii, Samoa, verschiedene Südseeinseln, Japan, China, Sunda=inseln und Ceylon durcharbeitet habe. Jeden Tag fahre ich zuerst mit der elevated durch die ganze Ausstellung und begebe mich von einem Gebäude zum andern, immer mit den elektrischen Booten. Es giebt in der ganzen Welt nicht mehr einen zweiten so herrlichen Punkt, wie diesen Jacksonpark mit der Stadt von Zauberpalästen. Mitten in den Gewässern liegt eine Insel, die man ganz unberührt in ihrer Wildnis hat liegen lassen. Alle Augenblicke gehen da wilde Enten heraus und andere fallen ein. Dies ungestörte Natur=leben mitten in der Ueberkultur verfehlt nicht seine Wirkung. Die französische Kunstausstellung ist be=wunderungswürdig. Da ist Können und Geschmack, Naturwahrheit und Eleganz vereinigt, daß man mit Staunen und Freude von Nummer zu Nummer tritt. Das ist wahrhafte Kunst! In der Abteilung der Ver=kehrsmittel stehen Pullmann = Luxuszüge und Wagner=Palace-cars, die in Pracht jeder Beschreibung spotten. Die Räume aber sind so eingerichtet, daß sie auf ein halbes Stündchen zum after noon thea sehr elegant aussehen, eine längere Fahrt aber eine Marter sein muß. Die Stühle sind eben keine Stühle, sondern nur Stützpunkte für eine geistreiche Unterhaltung. Die Ein=richtung der neueren Berliner Hotels ist in dieselbe Richtung gekommen. Die Wasserflasche ist zu einem Töpfchen geworden, und kein Zimmer hat Sopha oder Stuhl oder chaise longue, auf dem ein erwachsener

Mensch Ruhe finden könnte. Kaum ist ein Möbel da, auf dem der Luftreisende in Ohnmacht fallen könnte, wenn er die Rechnung bekommt.

Donnerstag, 22. Juni. Gestern den ganzen Tag ging und fuhr ich in der herrlichen Stadt der Paläste umher. Wer je den Fuß in diese eminent großartige Ausstellung gesetzt hat, wird sie gewiß nicht wieder vergessen. Der Präsident Palmer, der den ganzen Plan ausgedacht und die Haupttriebfeder der ganzen Durchführung war, verdiente Präsident der Vereinigten Staaten zu sein. Diese Ausstellung war ein großartiger politischer Schachzug, der vollständig gelang, nicht bloß für seine Partei oder für Chikago, sondern auch für das Ansehen, den Handel, den Absatz, wie den Weltverkehr der Vereinigten Staaten überhaupt. In dieser neuen Welt ist eine solche Unsumme von Naturprodukten enthalten, daß der übrige Erdball, wenn er wie die Wüste Sahara wäre, damit überflutet werden könnte. Nunmehr aber zeigt es sich, daß in vielen Zweigen der Maschinerie, Industrie und Manufaktur die Amerikaner gewillt sind, sich an die Spitze des Weltmarkts zu stellen und sie rufen der Welt freundlich zu: „Friß Vogel oder stirb!" Ob da Zölle und partikulare Maßregeln geeignet sein werden, partikulare Erwerbnisse zu schützen, wird sich zeigen. Hier ist der Ball im Rollen!

Wir sind wirklich gute Menschen und glauben Alles, was wir gedruckt sehen. Eine Armee von Berichterstattern aller Blätter hatte sich aufgemacht, mit Revolver und Schreibmaterial versehen, oft ohne Kenntnis der Sprache und Landesgebräuche. Diese Leute hatten von ihrer Macht einen unglaublichen Begriff, und statt objektiv über der Sache zu schweben und sachliche Winke zu geben, die dem eigenen Lande von Nutzen sein könnten, mußte man sich wochenlang durch Artikel

arbeiten, die nur über Gepäck-, Wohnungs= und
Nahrungssorgen handelten. Nirgends hatten sie die
Bewunderung für sich selbst gefunden, die sie sich mühsam
bei Siechen oder dem schweren Wagner zu Haus am
Stammtisch aufgebauscht hatten. Die Folge davon war
elende kleinliche Rache in witzig sein sollenden Artikeln
gegen die Ausstellung, die Vertreter und Gott weiß
was noch Alles. Da war Alles schlecht gebaut, Alles
nicht fertig, Alles zu teuer, so daß eine Menge Menschen
sich durch dies Gequassel von der Reise nach Chikago
abhalten ließ. Diese Mietsschreiber haben sich einfach
lächerlich gemacht und der Sache selbst geschadet, weil
sie zufällig nicht ihren eigenen persönlichen Vorteil dabei
gefunden haben. Zu Hause ist es ja immer am
schönsten, und so herrlich es auch sein mag, neue fremde
Eindrücke in fremden Ländern aufzunehmen, so darf
der gezwungene Aufenthalt dort nie zu lange dauern,
wenn keine Verstimmung eintreten soll. Das soeben
Gesagte wird durch die Herren im diplomatischen Dienst
gewiß bestätigt werden. Die Ausstellung ist voll=
kommen fertig, vollkommen gelungen, stellt
alle bisher abgehaltenen Ausstellungen durch
ihren inneren Wert in Schatten, und Amerika
ist berechtigt, von dieser Ausstellung an eine
neue Kulturepoche zu zählen. Ich scheide von der
Ausstellung mit Bewunderung und bin sehr glücklich,
dieselbe so eingehend habe sehen zu können. Den Abend
fuhr ich noch nach der Stadt, dinirte im Auditorium,
wurde dazu in den zehnten Stock gelistet, wo in einer
Reihe prachtvoller Säle das elegante Chikago sein Mahl
einnahm. Da aber dort nach englischer Sitte die gute
Gesellschaft nur dekolletirt und in Frack mit weißer
Kravatte bei extra dry und auserlesenen Genüssen saß,
meine Koffer aber schon der Expreß = Kompagnie über=

antwortet waren, ließ ich mich wieder down liften und dinirte unten im gentlemen-restaurant so gut wie bisher noch nie in Kolumbia. Danach liftete ich wieder einen Stock höher und sah nebst 4500 Personen in der great Auditorium opera das Riesenspektakelstück „Amerika", in dem oft 1200 Personen auf der Bühne sind, in tanzender, singender und gestikulirender Weise in noch nie gesehenen Beleuchtungseffekten. Der offizielle Bericht von gestern hatte 16 Sonnenstichtote ergeben. Ich hätte also ganz zufrieden sein können, unweit einer der zahlreichen Ventilationen zu sitzen, die eisige Luft aber, die da wie an vielen anderen Stellen des Hauses hineingepumpt wurde, verscheuchte mich. Ich machte noch eine Razzia durch ein halbes Dutzend niederer Vergnügungslokale, wo Operetten = Spezialitäten und Minstrels auftraten und oft recht frappirende Sachen zum Besten gaben. Spät in der Nacht sauste auch die elevated bis dicht vor mein Hotel, wobei ich ein halbes Dutzend mal glaubte, daß es undenkbar sei, unentgleist davon zu kommen. In der Abendzeitung stand, daß ein Zug von 1000 Personen, von einem Rennplatz nach New-York zurückkehrend, umgekippt sei, mit 7 Toten und 110 Verwundeten. Zugleich hatten Cowboys bei St. Louis einen Zug ausgeplündert. Meine Wäsche war natürlich noch nicht da. Das Hotel brachte mir den Ersatz in Geld aufs Zimmer. Da ich nicht gewillt war, die Wäsche zu verlieren, zahlte ich einem Privatdetektiv ein paar Dollars, der sich in der Nacht 2 Uhr aufmachte und mir um 7 Uhr den größten Teil meiner ungewaschenen Wäsche brachte, die ich in Bündeln mitzunehmen gezwungen war. Den Tag vorher war im selben Hotel eine größere Stangensche Reisegesellschaft aus der Heimat eingetroffen, die sich schwer in die hiesigen Verhältnisse finden konnte und daher ziemlich

unglücklich war. Ein sehr lieber Freund, der Ritt=
meister Wernecke, war der erste, der mir seit meiner
Abreise nähere Nachricht aus der Heimat brachte; die
wenigen Stunden, die wir zusammen sein durften,
ließen mich die vielen tausend Meilen bis Europa ver=
gessen und aller Lieben der Heimat gedenken. Zur
Weltreise hatten sich noch ein paar liebenswürdige
Herren, der Dr. Morff aus München und Herr Haupt=
mann Büsgen aus Berlin, entschlossen, und wir machten
der Amerikagesellschaft ihren Führer Herrn Staugen
abspenstig, um den Zug nach dem Westen mit größerem
Agrement machen zu können. Herr Lieutenant v. Bosse
von den Gardeschützen, ein vortrefflicher, liebenswürdiger
und äußerst unterrichteter Reisegefährte, kehrte von hier
zu unserem Bedauern nach Berlin zurück. Nach Er=
ledigung aller Geschäfte und dem Versuch, durch einen
Dollar in mancher schwarzen Seele eine Zähre des
Abschieds zu entlocken, führte uns ein eleganter Omnibus
nach Chikago zur Südstation oder, wie man hier sagt,
C. S., d. h. Chikago St. Louis; der Weg nach der
Stadt führte durch die herrliche Villenvorstadt. Die
Straßen waren bedeckt mit allerhand Fuhrwerken, vom
eleganten Buggy und Sulky durch alle Formen von
Gefährten bis zur stattlichen Reihe von Stage coaches,
von denen einige mit sechs Pferden aus der Hand ge=
fahren wurden. In einem Buggy sah ich ein wunder=
schönes Pferd, wie ich es bisher hier noch nicht an=
getroffen hatte. Je mehr man sich dem Centrum der
Stadt nähert, desto höher werden die Häuser, desto
schlechter das Pflaster, desto schwärzer der Dunstkreis,
desto gepreßter die Straßen, voll von Menschen und
Wagen. Man begreift gar nicht, daß es da ohne Un=
glück abgehen könnte, denn weder im Strand von London
noch irgend wo in Paris beim grand Prix habe ich

eine so zusammengekeilte Masse sich flechten und ent=
wirren sehen. Wenn man Straßen passirt, die man
schon früher gesehen, findet man regelmäßig Brandstellen,
und gewiß hört und sieht man die Feuerwehr zur
Arbeit eilen. Kein Mensch bekümmert sich darum.
Alles macht den Eindruck, als ob noch vor Ablauf
einer Viertelstunde Geschäfte über Leben und Tod zu
erledigen sind. Ganze Reihen machen Queue, um in
Geschäfte hinein zu kommen. Wagen haushoch, d. h.
was man bei uns haushoch nennt, mit Kisten, Koffern,
Säcken, Tonnen beladen, Reklame = Wagen der erstaun=
lichsten Formen, unter anderen ein Riesenwagen mit
feinen Seifen, mit sechs in schweren silberstrotzenden
Geschirren stolzirenden Rapphengsten, dazwischen die
elektrische und die Kabelbahn, dabei nirgends Geschrei,
nirgends Streit — es ist ein Leben wie in einem
Ameisenhaufen. Die Konstabels, wenig geachtet, weil
sie für Geld Rad schlagen, sind höflich und zeigen sich
dem Publikum hilfreich, wenn aber ihre Autorität von
einem Rowdy, Dieb oder Trunkenbold angezweifelt wird,
sieht man den Genannten mit seinem Hickoryknüppel im
Lande der Freiheit auf die Schädel einhauen, daß man
denkt, jeder Hieb sei ein Totschlag erster Güte. Herr
Eugen Richter und Bebel sollten sich das mal ansehen!
Billets nach St. Louis und Billets zum Palace - car
waren genommen, wie es schien waren aber 10 000
Menschen mehr da, als Platz hatten. Ein Dollar in
die richtige Hand vermittelte die sofortige Expedition
des Gepäcks. Ein Dollar in die richtige Hand bewirkte,
daß dies eingeschriebene Gepäck auch wirklich in den
Zug gebracht wurde. Ein Dollar in die richtige Hand
gestattete, daß wir durch eine Hinterthür einen eigenen
Weg in den richtigen Palace-car fanden, wo wir nach
einem Dollar in die richtige Hand beim lunch saßen,

als der Zug sich in Bewegung setzte. Nur in der Be=
wegung liegt die Ruhe! Nach Wochen des Trubels
waren dies wirklich die ersten Augenblicke der Ruhe.
Es war ein neuer Abschnitt der Reise eingetreten. Die
Seereise, New=York, Washington, Niagara, Chikago
waren Eindrücke gewesen, daß jeder für sich allein die
Reise wert gewesen wäre. Die Minstrels hatten ein
schönes Quartett gesungen: „Es treibt mich rastlos in
die Welt" — nun muß ich ohne Ruhe weiter, diese
Worte und die Melodie klangen immer wieder im
Gemüt nach. — —

Stundenlang fuhr der Zug durch leidlich mit Mais
angebaute Landschaften, wie zwischen Oebisfelde und
Lehrte, und das Hauptinteresse bot der Chikago=Kanal,
der uns vom Michigan bis zum Mississippi begleitete.

In irgend einem kleinen Nest, Springfield, erhob
sich ein schöner Kuppelbau. Es war dies das Kapitol
der Hauptstadt des Staates Illinois, immer noch mit
dem Sitz der Regierung, obgleich sich die vorlaute
Tochter Chikago unterstanden hatte, die Mutter mit
zwei Millionen Einwohnern zu überflügeln. Dann
traten in herrlichen Feldern und südlicher Vegetation
unheimliche Wasserflächen auf, die immer größere
Ueberschwemmungsformen annahmen. Es war der lang
ersehnte, gewaltige, großartige Riesenfluß Mississippi.
Hier nahm er, der allein schon fast 1000 Meilen aus
dem Felsen=Gebirge herkommt, den fast stärkeren Missouri
in sich auf; beide wühlen den flachen Lehm= und Moor=
boden auf, haben Gestrüpp und eine Ueberfülle von
Baumstämmen mit sich fortgerissen und treiben in ge=
waltiger Wassermasse drohend nach Süden. In un=
heimlichem Zauber halten die Wogen das Auge gebannt,
und man glaubt, bald hier bald dort immer neue
Zeugen seiner Zerstörung zu erkennen. Riesendampfer,

die an Breite und Zahl der Etagen alles bisher Ge=
sehene in den Schatten stellen, scheinen Wettfahrten zu
machen und sind mit Menschen überfüllt. Man fühlt,
es beginnt hier eine neue Welt. Alles reist nach Süden,
Alles drängt nach Süden. Hier ist schon von New=
Orleans ebensoviel die Rede wie von Chikago, wenig
aber von New=York.

Ob es in der amerikanischen Kohle oder Mangel=
haftigkeit der Dampfmaschinen liegt, kann ich nicht
sagen, aber über ganz Amerika hängt ein gräulicher
Qualm von schwarzem Rauch. Aus diesem Qualm
treten ein paar Giraffen=Getreidespeicher hervor, alles
Andere scheint Schmutz, und dies ist die Stadt St. Louis
der Mittelpunkt der Vereinigten Staaten. Aber wie
dahin kommen? Der Amerikaner hat sich geholfen.
Er weiß kaum, wer es gethan hat, er weiß aber, daß
die Brücke, die hier den Mississippi überschreitet, zehn
Millionen Dollars gekostet hat. Sie ist größer als die
Brooklynbridge, hat drei Bogen und ist wie aus Fili=
gran gearbeitet. Die Stützen auf den Uferseiten sehen
wie Bleistifte aus, und wir fuhren mit vollem Dampf
darüber, nebst einem zweiten langen Güterzug. Wir
kamen wirklich an. Es schien, als ob das Gewirr von
Chikago auch hier durchaus nötig sei. Nach einem
Dollar in die richtige Hand fanden wir Wagen, und
nach einem Dollar in die richtige Hand auch unsere
Koffer und uns selbst in dem großartigen Lindell-Hotel.
Vor der Thür und im Vestibule rekelten sich etwa 200
„gentlemen“, schaukelnd, mit den Beinen hoch in der
Luft, mit solcher Energie um sich her spuckend, daß man
Scheu hatte, durchzugehen. In den eleganten Zimmern
waren wirkliche Waschtische. Dieselben hatten aber so
schwarzes Wasser, als ob ein Schornsteinfeger darin
abgewaschen worden wäre. Meine Klage darüber wurde

gar nicht verstanden, und schließlich ergab es sich, daß St. Louis überhaupt kein anderes Wasser besitzt, daß dieses Wasser hier allgemein zum Waschen der Wäsche, der Menschen und zum Küchengebrauch angewendet wird. Die Menschen sehen wie Neger aus, selbst diejenigen, die es nicht nötig haben, es zu sein, und farbige Hemden sind allein gebräuchlich. Taschentücher habe ich nicht gesehen, die Finger, welche statt ihrer gebraucht wurden, waren auch schwarz. Ein Dollar in die richtige Hand verschaffte mir einen Krug filtrirtes Trinkwasser, um mich zu waschen. Ich mußte der schwarzen Menschenseele aber Verschwiegenheit versprechen und ging mit dem Schatz so sparsam um, als sei es ein kostbares Lebenselixir. Hier bleibe ich nicht lange — das geht nicht!

Freitag, 23. Juni. Alles in Amerika ist ungeheuerlich! Dieses

hat eine halbe Million Einwohner, zieht sich aber an zwanzig Meilen am Westufer des Mississippi hin. Als ob es durchaus Alles nachmachen müßte, was andere große Städte thun, hat es natürlich auch eine Anzahl Giraffenhäuser erstehen lassen und macht in den Straßen einen noch ungebührlicheren Skandal wie die anderen. Alles starrt in Kohlenstaub und Rauch. Notwendiger=

weise heißen die Straßen von Norden nach Süden Avenuen, die von Osten nach Westen sind nummerirt, in den geraden Zahlen fahren die elektrischen Bahnen hin und in den ungeraden her. Ueberall sieht man Brandstellen. Vor vier Wochen ist ein Futterdepot mit 200 Pferden und dem gesamten Wärterpersonal verbrannt; zwei große Hotels, zwei Theater und eine Menge Häuser liegen in schwarzen Trümmern. Es scheint, daß das schmutzige Mississippiwasser sich nicht mal zum Löschen eignet! Die Feuerwehr aber sieht sehr schön aus. Die äußeren Linien der Stadt sind in grün und Blüten-Villen in allen denkbaren Baustilen und sehr freundlich aussehend. Einige Kühe stehen da im Grünen, die sie zu schlachten vergessen haben müssen. In der Vogelwelt spielt der Sperling hier auch schon eine terrorisirende Rolle. Die Pferde sehen hier wesentlich besser aus als im Osten. Heute ist großes Rennen, da ich aber mein ticket zu heute Abend im Palace-car nach Denver habe, und 32° Reaumur sind, fühle ich mich nicht stark genug, kurz vorher noch den Kampf ums Dasein in den faire grounds auszufechten. Die ganze Stadt aber scheint in der größesten Aufregung zu sein. Schon seit frühem Morgen fahren Riesenbreats mit Negermusik, Renn-Affichen und Programmen umher, dahinter bookmakers, die Wetten ausbieten. Im Vestibule des Hotels ist mit Riesenbuchstaben das ganze Programm an die Wand gemalt, mit den ausgebotenen odds dahinter. In Schulkathedern sitzen Buchmacher davor und überschreien sich und eine fromme Gemeinde von etwa 150 sporting charakters vor sich mit Anerbietungen zum Wetten: „Wer noch einen Funken von Ehrgefühl hat, nehme acht zu zwei gegen „Kitti". Eine Gemeinheit wäre es gegen seine Familie, solch sichere Wette auszuschlagen! Stinkende Dummheit wäre dem

auf dem Geſicht geſchrieben, der nicht fünf zu eins gegen
„the Walkyrie" nähme. Als Lumpen geht Ihr auf den
turf, als vornehme gentlemen kehrt Ihr mit großem
Gewinn heim und habt die Mittel, nachzuweiſen, daß
Ihr die rechten Vettern von engliſchen Herzügen ſeid.
Wie? was? kein Wort? nicht eine Silbe. Sollte ich
meine koſtbare Zeit vor Apothekern vergeudet haben?
Aha, mein Herr, entſchuldigen Sie, darf ich Ihren
werten Namen in mein Buch eintragen, ſagen Sie mir
leiſe Ihre odds, damit fremde Tagediebe nicht davon
profitiren." So ging das geſtern Abend bis 11 Uhr
und heute früh von 8 bis 1. Viele vornehme gentlemen
waren nur gekommen, ſich unten im Hotel mit dem
Schmutzwaſſer die Kruſte von vorgeſtern zu befeuchten
und ſich die Stiefel wichſen zu laſſen. Alle Haare ſind
mit Maſchinen auf dem Kopfe wie raſirt. Statt ſich
die Zähne zu putzen, wird nur neuer Kautabak ge=
nommen, und eine Kunſtſpuckerei begonnen, die ſchon
nicht mehr ſchön iſt. Jede halbe Stunde werden die
Füße immer noch etwas höher gelegt, und ſolch ein
gentleman pfeift dann auf die ganze Welt. Die ganze
Welt verhausknechtet ſehr ſtark, und hier wird dieſe
Schande noch idealiſirt und vergoldet. Adieu, St. Louis!
Du haſt alles Zeug dazu, eine große Zukunft à la
Chicago zu haben und vielleicht wirſt Du auch das noch
überflügeln, ich hoffe aber nicht wieder Dein liebliches
Weichbild zu betreten!

Die Zahl der durchfahrenen Staaten mehrt ſich:
New=York, Jerſey, Virginien, Pennſylvanien, Ohio,
Illinois, Miſſouri, Kanſas und Colorado ſollten bisher
doch ſchon eine gute Anſchauung von Land und Leuten
geben, aber täglich ſieht man mehr, ſieht man immer
was Neues und immer was Intereſſantes. Ich bin
kein großer Trinker, aber gewaltſame Beſchränkung hat

Niemand gern. So durchfahren wir morgen den Tem=
perenz=Staat

Kansas.

Nach dem dortigen Landesgesetz ist Verkauf von geistigen
Getränken mit fünfzig Stockschlägen und Ausweisung zu
bestrafen. Auch die dining cars der Eisenbahnen wer=
den überwacht, daß sie keinen Wein rc. führen. Um=
gangen werden ja natürlich auch diese Verbote. Die
Weinstuben heißen Sanitätsräume, der Wein ist Medizin
zur Nervenstärkung. Jeder, der etwas trinkt, hat von
einem Arzt eine Bescheinigung in der Tasche, daß die
Medizin ihm notwendig ist. Außerdem verkauft der
Wirt nicht die Medizin, sondern borgt sie dem Patienten
zur Probe, bis Genesung erfolgt ist. Hat eine Frau
einen nervenschwachen Mann, so wird sie von den
Muckern so lange gepeinigt, bis sie zur Buße eine
Kirche baut und dem Pfaffen eine Villa stiftet, in der
er sich mästen kann. Kurz, ganz wie bei uns — und
das Alles um des lieben Seelenfriedens willen. Der
krasseste Blödsinn aber florirt in den hier südlich zunächst
anstoßenden Staaten, wo der Streit der Parteien das
Heft der Regierung in die Hände von Negern gelegt
hat, nur damit die andere Partei nicht ans Ruder
kommt. Auch hier könnten unsere Wahlkämpfer etwas
Lehrreiches sehen — sie wollen nur nicht! — In den
Straßen liegt eine Ueberfülle von südlichen Früchten.
Die Banane ist Nahrungsmittel. Die erstickende, heiße

Luft ist das Paradies der Muskitos und ich ihr Opfer. Eine Masse Menschen im Vestibule begrüßt jeden vom Rennplatz gemeldeten· Sieg mit cheers. Sehr richtig sagt der Schah von Persien: Einer muß ja immer siegen. Hier dreht sich Alles ums Geld, wieder ums Geld, und dann nochmals ums Geld.

In den Abendzeitungen fand ich den Untergang des englischen Admiralschiffes „Victoria". Ein etwa sechs Schritt langes Modell dieses herrlichen Kriegspanzers erregte in Chikago in der Ausstellung die größte Bewunderung der Sachverständigen, sowie· der übrigen Marine-Amateure. Es ist mir nicht bewußt, ein größeres, prachtvolleres, schöneres Kriegsschiff gesehen zu haben, und wenn, wie auch bei unserem stolzen Schiff „Kaiser Wilhelm", die Admiralflagge nicht mehr davor schützt, in den Grund gefahren zu werden, dann kann man wohl an der Behauptung, daß das Wasser keine Balken habe, kaum mehr zweifeln. — Ungemein befriedigt, dies Spektakel=, Rauch= und Schmutznest verlassen zu können, war mir diese Absicht in dem Wagengewirre und dem Rattenkönig von Zügen gelungen, und im Pullmann erkannte ich aufs Neue die Wahrheit des Sinnspruches: Nur in der Bewegung ist die Ruhe. Die Art, wie in Amerika die Koffer behandelt werden, spottet jeder Beschreibung. Riesenneger schmeißen mit dem Liebsten, was der Reisende hat, um sich, als wären dies die Theekisten, mit deren Zerstörung vor hundert Jahren in Boston die Unabhängigkeit begonnen wurde. Jeder Koffer ist mit Holzlatten, eisernen Beschlägen, in Riemen oder Stricken gesichert, da bei jedem Griff des hilfreichen Gepäckbiestes abgesprengte Stücke seinen Weg verfolgen lassen. Im Koffer selbst ist natürlich das Fläschchen mit Choleratropfen in den Frack und das Tintenfaß mit doppeltem Patentverschluß in die Wäsche entleert. Wenn man die zerbrochenen Schlösser öffnen läßt, denkt man, es muß ein gewaltsamer Einbruch geschehen sein, so liegt Alles durcheinander. Enfin! man hat doch seine Sachen, was auch nicht immer·sicher ist, denn wenn es Sonntag ist, bekommt man sie nicht, und an Wochen=tagen befinden sie sich zuweilen auf dem Wege nach Mexiko, wenn man selbst bei den Mormonen gern waschen lassen möchte. Man macht sich eben gar keinen Begriff von der Unbequemlichkeit dieses berühmten amerikanischen Systems, das für stellenlose Kellner, durchgegangene Kassirer und dergleichen Leute das Paradies sein mag. Diese Leute sitzen, essen und schlafen neben dem Präsidenten der Vereinigten Staaten, der mit ihnen shake hands machen muß, und dann giebt's einen herrlichen Artikel für die Zeitungen und bei uns ist dann Alles schlecht und zurück. — Kaum hatte ich in Liebe Maybachs gedacht, da ging ein bißchen die Welt unter. Donner und Blitz und Sturm und Wolkenbruch ließen den langen Pullmann = Car bis auf den Grund erbeben, und ab und zu gab es Stöße und Schwankungen, die bei uns reglementswidrig gewesen wären. Dabei ging unser Weg über die Bleistift=Filigranbrücke nach dem Ostufer des Mississippi zurück und nach einer halben Stunde Fahrt auf einer anderen Konstruktion von verbogenem Draht wieder über den Mississippi auf die South Pacific Line nach Westen. Im Pullmann werden die Plätze der Reihenfolge nach Be=gehr verkauft. Es giebt keine Damenabteilung, und da hat sich denn eine Harmlosigkeit von Schlafengehen und Aufstehen ausgebildet, die jede Dame der alten Welt in die größte Verlegenheit setzen würde. Diese Biwak=Zustände sind hier aber so landesüblich, daß Niemand darüber nachdenkt, ob das auch anders sein könnte. Ein Neger hat soeben ein junges Mädchen über meiner Lagerstätte in Sicherheit gebracht. — Gute Nacht!

Sonnabend, 24. Juni. Trotz des Ungewitters erfreute uns der süße Morgen des heiligen Johannes mit 28° Reaumur. Das scheint hier die Normaltemperatur zu sein. Wir befinden uns zwar in der Breite von Sizilien, und der Roggen steht in Hocken, sonst aber hat man den Eindruck mehr nordischer Vegetation. Das Land ist im Allgemeinen gut angebaut. Daß die Wälder abgewüstet sind und zwischen den alten faulen Stubben nur mangelhafter Nachwuchs sein Leben fristet, versteht sich wohl von selbst. Die Besitzungen sind erstens ein langer Stacheldrahtzaun, der Vieh und Pferde einhegt, dann ein Wassermotor, daneben steht ein Holzhäuschen mit Veranda und ein paar offene Schuppen. Der Besitzer, der ein Territorium von etwa 200 Tausend Morgen hat, ist in hohen Stiefeln, mit blauem Hemde und breitkrämpigem Hut in einem einspännigen Buggy unterwegs, Schlachtvieh auf dem Bahnhofe anzumelden, zu hören, wo es ein Unglück gegeben hat, oder eine Menagerie zu sehen ist. Er hat den Revolver in der Hosentasche und viel Brandy im Magen. Sein geliebtes Weib liegt halb angezogen im Wiegestuhl und schimpft auf eine alte Negerin. Rotes Kleid, grünes Umschlagetuch, violette Strümpfe, Hut mit zu viel alten Blumen. Die Herrin dunkelbraun, die Negerin mit rosa Kiepe auf dem störrischen Haupt. Auf einmal stinkt es wieder mehr nach Rauch, man hört Glocken, Nebelhorn, Dampfgebuller, Menschengeschrei. Man ist nicht getäuscht, man ist in einer ganz netten Stadt

Kansas City

angekommen. Daß man doch das Waschen immer noch
nicht lassen kann! In einem ganz guten Hotel wird
gebadet, gebreakfastet und dann eine Umfahrt gemacht.
Die elektrische Bahn überwindet hier Thal und Berg,
wie ich es kaum für möglich gehalten habe, und sauste
uns einen Abhang nach dem Bahnhof Kansas herunter,
wie ich es nur bei der Rigibahn gesehen habe. Von
St. Louis bis Denver waren 1000 Meilen zurückzulegen,
an Aufenthalt war daher glücklicherweise nicht zu denken,
sondern es hieß vorwärts — vorwärts!

Wir befanden uns im Temperenzstaat Kansas,
hatten für den Bedarf des Tages Wein verborgen mit=
bekommen; die Sache aber begann damit, daß ein
deutschsprechender Geistlicher, der vier Stationen weit
mitfuhr, um dort zu predigen, einen Teil davon trinken=
der Weise zu sich nahm; auch habe ich auf keiner Strecke
in Amerika mehr betrunkene Leute gesehen, als auf
diesem Wege durch Kansas. Vielleicht muß das Gesetz
doch nötig sein! Im Süden wird unsere Reiseroute
durch den den Indianern reservirten Teil Indiana, mit
dem negertümlichen früher herrenlosen Teil no mans=
Land, begrenzt. Kürzlich erst hat man diesen Teil den
Vereinigten Staaten unter dem Namen Oklahama=
Distrikt einverleibt. Die Kreek=Indianer bemühen sich
hier, sich der Zivilisation anzupassen. Was von diesen
gentlemen sich aber an der Bahn zeigte, schien damit
noch nicht große Eile zu haben. Einzelne Bahn=

abzweigungen nach New = Mexiko und Puebla, auch einzeln auftretende Kakteen, fesselten die Gedanken nach dem Süden hin. Da Mexiko aber nicht eine Sache ist, die man im Durchstreifen abfertigen kann, will ich meinen Blick fester auf den Westen richten. Der Zug passirte die Hauptstadt von Kansas, Topeka, mit einem hübschen Kapitol und Anlagen zur Vergrößerung der Stadt. Es ist überhaupt interessant, hier in allen Orten noch den Beginn und die kugeldurchlöcherte Holzhütte neben der Station für überseeische Telegraphie, elende Schuppen neben dem Justizpalast zu sehen. Die Bevölkerung sieht unglaublich unsympathisch aus. Rohe Dreistigkeit und körperliche Vernachlässigung, Schmutz, zerrissene Stiefel, schwarze Hemden überall. Im Auge so etwas wie von getäuschter Geldgier, ruppiger Bart und Teint wie Stiefelleder, dies sind immer wiederkehrende Eindrücke, so daß wir uns glücklich preisen, nicht hier leben zu brauchen. Diesen Gedanken glaubt man auch in jedem Gesicht wiederzufinden. Wie niedergebrochen müssen diese Leute gewesen sein, um ihre Hoffnung auf vage Gerüchte von Gold hier enden zu lassen! Vielleicht in Konflikt mit allen Landes= und menschlichen Gesetzen, glaubten sie hier die einzig alleinige Rettung zu finden. Merkwürdig, daß unter diesen Leuten in der Zeit der heftigsten Täuschungen der Selbstmord unbekannt war. Sie haben wie das Vieh gearbeitet, und wenn sie für sich nichts fanden, arbeiteten sie für Andere, ihr Recht mit dem Revolver behauptend. Viele sind reich, sehr reich geworden, aber fast allein nur die, die ihr Recht mit Geld verteidigen konnten. Das menschliche Leben stand damals nicht hoch im Preise. Als das Goldfieber sich einigermaßen gelegt hatte, fehlten Vielen die Mittel, Anderen die Kraft, dies Weichbild ihrer Hoffnung zu verlassen. Eisenbahnen und Gesell=

schaften hatten immense Territorien gekauft, parzellirten sie zu kleineren Besitzflächen und waren schließlich froh, je nach den Konjunkturen einen Teil wieder an den Mann zu bringen. So kamen viele Leute hier zu Grundbesitz, die vielleicht niemals daran gedacht hatten, hier zu bleiben, und sie blieben hier. Trotz aller abstoßenden Eindrücke kann man aber diesen Pionieren der Kultur doch nicht die Bewunderung versagen, denn nur übermenschliche Kraft, Arbeit und Ausdauer hat es so weit bringen können, diesen öden, abgestorbenen Flächen neues Leben zu geben. Die Natur verteilt ihre Gaben auch nach Gesetzen, und überall ist nicht unberührter Urwald und strotzende Prairie mit schwarzem Gartenboden und üppiger, grasreicher Steppe, wie im südlichen Rußland. Die Flächen und Entfernungen sind hier eben so groß, daß dabei alle möglichen Beziehungen mit in die Wagschale fallen, und, eben weil sie Zwischenglieder sind, doch zur Verwertung gebracht werden. Die letzten 500 Meilen von Atkinson bis Denver sind eine wahrhaft erschreckende Wüste. Wie ein prähistorischer Meeresgrund, der, vulkanisch gehoben, das Wasser verlor, aber hier und da noch Salzgehalt zeigt, sieht das Auge stundenweit nichts von menschlichem Leben. Selbst die Millionen Büffelherden, denen man sonst gänzlich den Garaus gemacht hat, ließen sich hier sehen. Statt der Futterkräuter stehen hier und da Büschel saurer Unkrautpflanzen schon mit einer kleinen Kaktusart untermischt. Das kleine Prairiehündchen, eine Art Ratte, beherrscht allein hier ein Territorium größer wie manches Königreich. Die gabelförmige Antilope, die noch vor 40 Jahren hier zu sehen war, hat sich in die Felsengebirge zurückgezogen. Wochenlang brennt in der Intensivität wie jetzt die Sonne in diese Ebene und bildet eine glühende Luftschicht über der

Erde, die sich auch in der Nacht nicht abkühlt. Diese heiße Schicht erscheint fast wie ein Körper, der undurch= dringlich fest und widerstandsfähig glühend bleibt. In den oberen Luftschichten gehen durch Wind u⁊d vielleicht Planeten-Konstellation, die ja auch Falb zu Rate zieht, Veränderungen vor, welche die glühende Erdatmosphäre unter sich garnicht influiren. Ab und an mag es denn doch da oben ein bißchen heftig zugehen, und, durch einen Blitzschlag unterstützt, fährt dann windhosenartig die kalte Luft in die heiße Schicht und nimmt in elementarer Kraft Formen an, für die wir bis heute noch keinen Maßstab haben. Wenn wir in Werken über Amerika oder Zeitungen von den Wirkungen eines solchen plötzlichen Einbruchs, eines derartigen Tornado lesen, sind wir geneigt, die Berichte für übertrieben zu halten. So fand ich gestern Abend in den Depeschen der Zeitung von St. Louis folgenden Bericht: „Winfield (Kansas), 23. Juni. Unser Städtchen wurde soeben von einem Tornado betroffen, welcher auch in Wilhelmstown großes Unglück angerichtet hat. Die Episcopalkirche ist verschwunden, der Westflügel des Courthauses ein Schutt= haufen und viele Häuser sind niedergeworfen. 17 Per= sonen sind tot und doppelt soviel schwer verletzt. Einem Mann, der sich niedergeworfen hatte, wurde die Kinn= lade und ein Arm ausgerissen. Den letzteren fand man 400 Schritt weit davon in den Zweigen eines Baumes. Tiere kamen zu Hunderten um. Ein Grabstein wurde ausgerissen und drei Meilen weit geschleudert. Dreißig Farmen sind wie verschwunden und die Felder in der Sturmbahn vollständig verwüstet." Ich hatte diese Notiz mit Lächeln gelesen, obgleich das Gewitter in St. Louis jedenfalls das Ende dieses Tornado sein konnte. Etwa um 3 Uhr stiegen auffallend viel Land= leute in unsern Expreßzug, und ehe ich denken konnte,

Näheres darüber zu erfragen, waren wir in Winfield
und fuhren mitten durch den Ort Wilhelmstown. Der
Tornado hatte 20 Schritt vom Bahnkörper eingesetzt,
diesen überschritten und die Eisenbahnschienen ganz
krumm gebogen, eine saß noch quer in einen dicken
Baum. Die Breite der Sturmesbahn mochte etwa
25 Schritt sein und war so scharf abgegrenzt, daß in
der Bahn zwei Fuß dicke hohe Bäume, etwa 50 an der
Zahl, zum Teil mit der Wurzel ausgerissen und drei-
bis viermal so zusammengedreht waren, als seien es
Weidenzweige. Manche so starke Bäume waren von
unten bis oben in der Mitte der Länge nach auseinandergerissen, die eine Hälfte schien garnicht berührt,
die andere in Splitter zusammengedreht. Die Bahn
war nur durch den unglücklichen Ort zu verfolgen.
Von den Häusern war oft nicht ein Splitter übrig
geblieben, sondern der Boden wie durch eine Maschine
zu einem halbrunden Thal ausgearbeitet, der Grund
oft in Kreisen gezeichnet. Eine Reihe Särge standen
an der Mauer des Friedhofs, und Entsetzen und
Schrecken war in den Mienen der Zurückgebliebenen
zu lesen. Die Teilnahme und Neugier hatte eine
Menge Menschen zu Pferd, zu Wagen und auf der
Eisenbahn dort zusammengeführt, unter denen lebhaft
diskutirt wurde. Die Eisenbahn ließ uns freundlicher-
weise den Einblick in die Trümmer dieses schauer-
lichen Schauspiels thun. — An Kreuzungspunkten gingen
Züge nach Puebla und Santa Fé. Es wurde einem
schon ganz nach Texas und Mexiko zu Mut. In der
Nähe von Puebla soll man vor kurzer Zeit die Ueberreste einer uralten, jedenfalls vormexikanischen Stadt
mit erkennbaren Anzeichen eines Tempelbaues gefunden
haben. Hier ist Alles neu und so zu sagen von vorgestern. Die Kreed-Indianer und die Texas-Stämme

136

waren noch bis vor Kurzem durchaus nicht zuverlässig, deshalb hat man hier an der Bahn eine befestigte Stellung von etwa 1000 Mann der amerikanischen stehenden Armee, die hier mit einer Offizierschule in der Art von West Point verbunden ist. Wenn ich in Berlin Unter den Linden zum Fenster heraussehe oder in Baden-Baden in der Lichtenthaler Allee promenire, habe ich doch zuweilen vergessen, daß es Leute giebt, die sich das Leben und den Broterwerb doch ziemlich teuer erarbeiten müssen. Ich würde mit diesen Leuten hier im Fort nicht gern tauschen. Die ganze nord-amerikanische Armee besteht aus 25,000 Mann In-fanterie, etwa 10,000 Mann Kavallerie und 5000 Mann Artillerie, die sich auf ein Terrain so groß wie ganz Europa so verteilen, daß man selten etwas von ihnen zu sehen bekommt. Dagegen thun sich die Milizen, Veteranen ziemlich wichtig hervor. Je republikanischer sie sind, desto titel- und uniformbedürftiger sind sie. Alles schmäht auf die Fürsten und Aristokratie von Europa und vergeht vor Wonne, wenn man wo einen angeknaxten Grafen erwischen kann. Das Bedürfnis, Alles ohne Ausnahme der Oeffentlichkeit vorzukauen, hat denn auch nicht verhindern können, daß in New-York, in Chikago, in St. Louis Reporter es für gut fanden, fett gedruckt mitzuteilen, daß eine Kommission von drei höheren preußischen Offizieren in der Stille die Ver-einigten Staaten durchreise, mit großen Mitteln ausgerüstet sei und unaufhörlich Notizen mache und Karten zeichne. Gebt Acht, heißt es, Bismarck wird dafür seine Gründe haben, und je harmloser solche Herren sich im Verkehr geben, desto gefährlicher sind sie! Man sieht, diese Leute arbeiten nach Pariser Vorbildern.

Sonntag, 25. Juni. In aller Frühe schien sich die Umgebung zu verändern. Es mehrten sich die

Gehöfte, viele älteren Datums waren noch mit Palli=
faden in eine Art Verteidigungszustand versetzt, die
Zahl der Dampfschornsteine wurde größer. An Ge=
bäuden stand „Silberschmelze". Lange Züge mit Gestein
warteten dort ihrer Reinigung. Imposante Brücken
führen hier oft drei übereinander über Bahnhöfe,
Flüsse, Straßen. Es schien im Westen ein Gewitter
herauf zu ziehen, denn der ganze Horizont war eine
hohe graue Wand, die oben weiß gekrönt war. Doch
nein! ich wurde belehrt, dies seien die Rocky mountains,
oben mit Schnee bedeckt. Wir waren in

Denver

angekommen.

Von Denver, der Hauptstadt von Kolorado, stand
vor 35 Jahren noch kein Stein. In der Nähe wurde
1858 reichhaltig Gold und namentlich Silber gefunden,
und auf das erste Gerücht hin begann eine Völker=
wanderung in die Berge, und Alles hieb mit Spitzärten
ins Gestein, und jeder gleißende Schimmer erneute den
Eifer. Wäschereien entstanden, und wenn der Zufall
dem fast ermatteten Arbeiter nur Geringes an Edel=
metall in die Hände spielte, wurde er aufs Neue durch
die Hoffnung beseelt und hieb und hieb, bis es mehr
gab, oder die Kräfte endlich versagten. Das leicht
Erworbene verwirrte die Geister, und eine elende

Bretterbude mit der stolzen Aufschrift „Hotel Victor"
vereinigte die Glücklichen und eine Masse habsüchtiger
Schwindler und dreister Räuber. Hier wurde gespielt,
mit Goldklumpen und Goldstaub gesetzt und Alles ge=
wonnen und Alles verloren. Fast kein Abend ging es
ohne Revolverschüsse quer über den Tisch ab, und die
Zahl der täglichen Opfer ist niemals festgestellt worden.
Die ärgsten Schufte wurden auf offener Straße von
Unglücklichen oder Geschädigten niedergestreckt, bis zuletzt
Jedermann um sich her schoß, im Gefühl der Selbst=
erhaltung. Niemand hatte Zeit zum Bauen oder Rück=
sicht auf irgend was zu nehmen, was nicht sein eigener
Vorteil war. So war es lange wie ein Räuberlager
von Zelten und Bretterbuden. Die allernötigsten
Lebensbedürfnisse wurden mit Gold aufgewogen, und
wer genug Glück gehabt hatte, soviel zu erobern, daß
er bequem leben konnte, machte, daß er fortkam. Diesem
ungeordneten Zustand machte das Geld ein Ende, die
Minen gingen in die Hände von Kapitalisten oder Gesell=
schaften über, die Arbeitsverhältnisse wurden geregelt, es
wurde gebaut, Eisenbahnen aus allen Windrichtungen
knüpften sich in Denver zusammen. Die Baumwolle
des Südens, das Getreide und Vieh der Ebene, Früchte
und Holz aus Kalifornien und die Erze der Felsen=
gebirge finden hier ihren Umsatz. Heute ist Denver mit
etwa 150,000 Einwohnern eine der hübschesten Städte
in Amerika. Das Kapitol der Regierung des Staates
Kolorado beherrscht auf einem Hügel mit Park die
außerordentlich weite, große Stadt. Das Gebäude ist
größer als das Reichstagsgebäude in Berlin. Das
Justizgebäude, die Post und etwa ein Dutzend Himmels=
stürmer von 14 bis 16 Stockwerken geben der Stadt
ein anspruchsvolles Ansehen. In ganz Europa giebt
es nicht ein Hotel, wie hier ein Dutzend stehen. Die

alte erste Spielhölle „Victor" ist jetzt eines dieser Pracht=
hotels. In der Straße stehen heute noch ganz neue
Spielhäuser, auch eine Menge Leihhäuser; übele
Spezialitätentheater und vieles Andere erinnern noch an
den Verkehr vieler Glücksritter und Minenarbeiter.
In vielen Schaufenstern liegen Gesteine aus, mit ein=
gesprengten Edelmetallen, darüber Anpreisungen von
Minen und Aufforderungen zum Ankauf von Gruben=
anteilen. Daneben giebt es alle Minenwerkzeuge zu
kaufen. Wäsche und Modewaren sind nach diesen Be=
dürfnissen zugeschnitten. Die Stadt ist mit einem
Gürtel von eleganten Villen in Gärtchen umgeben, wie
man sie kaum hübscher' sehen kann. Vor der Stadt
eine Parkanlage mit künstlichem See, auf dem heute
— Sonntag — viel in Boten gefahren wird. Um den
See werden die Traber geprüft, Tausende von Menschen
ergingen sich im Lustwandeln, Kinder schaukelten und
Hunderte von Buggys bildeten einen Wagenpark. Alles
lauschte, weil heute Sonntag war, dem Konzert der
sacred music aus „Orpheus" von Offenbach. Auch die
sacred blaue Donau wurde gespielt. Sehr viele Kirchen
sind gebaut, und die öffentliche Richtung wird, weil es
in England jetzt so Mode ist, stark in die Muckerei
gedrückt, worüber ich vielfach Klagen hörte. Alle diese
Anlagen, Häuser, Bäume, Menschen machen den Ein=
druck, als ob sie erst seit etwa fünf Jahren hier wären.
Alles ist splitterhagelneu und blank und noch kaum
fertig. Der Menschenverkehr ist ziemlich lebhaft. In
den ältesten Männern ist so etwas von eingefallenen
Augen und Wangen und übeln Erinnerungen zu be=
merken; das große Publikum kann nicht sein zusammen=
gewürfeltes Herkommen verbergen, scheint sich aber nun=
mehr in solidem Fahrwasser gefunden zu haben. Wer
mal nach Denver will, dem empfehle ich Hotel Windsor,

und wer an Naturalien Freude hat, sehe sich das
käufliche Museum von Mr. Taylor an. Man findet
bei ihm sehr schöne Wapitigeweihe, Büffel= und Antilopen=
köpfe, Mineralien und Antiquitäten aller Art. In den
Auslagen der Leihhäuser sieht man Berge von Revolvern
und goldenen Uhren und merkwürdigerweise auch
musikalische Instrumente. In welchem Zusammenhange
mag diese Gemeinschaft stehen? Nach so vielen Wochen
anstrengender Arbeit und oft gefährlicher Hitze, auch
noch in Erwartung der anstrengenden Partien nach
dem Yellowstone=Revier, fahre ich morgen für ein paar
Tage in die Berge nach Manitou, um neue Kräfte zu
neuen Anstrengungen zu finden.

Montag, 26. Juni. Der Vormittag wurde noch
dazu benutzt, einigen Naturalisten Besuche abzustatten,
um sich mit dieser Seite des Landes vertraut zu machen.
Die Preise waren aber so über alle Gebühr, so z. B.
für einen Büffelkopf 500 Dollars, daß garnicht die Rede
davon sein konnte, auch nur eine Erinnerung zu
acquiriren. Denver scheint einen Abschnitt im amerika=
nischen Leben zu bilden. Die Negerbedienung ist nicht
mehr so allgemein wie im Osten, auch gravitirt hier
schon Alles mehr nach Mexiko und San Franzisko.
Sehr irritirend für einen nicht sehr gewandten Reisenden
ist die kostenlose Ueberreichung von reizenden Fahr=
plänen mit Bildern der zu passirenden Gegenden und
allen möglichen Anpreisungen. Auf den Karten sind
aber geflissentlich alle anderen Konkurrenzbahnen fort=
gelassen. So gelingt es denn oft, Reisende auf eine
Route zu locken, wo sie Kosten und Umstände haben,
sich wieder in ihren richtigen Kurs zu finden. In der
Station vor jedem Hauptort tritt ein Mann von der
allgemein verbreiteten Expreß=Kompagnie in den Pull=
mann=Car, dem giebt man, falls man absteigen will,

die Blechmarke mit Loch und Nummer, ganz derjenigen
gleichend, welche bei Aufgabe am Koffer befestigt worden
ist. Man sagt, das Hotel bekommt eine ähnliche Blech=
marke mit gleicher Nummer, fährt unbekümmert nach
dem Hotel, und hat seinen Koffer niemals, wenn man
ihn braucht. Entweder man möchte Wäsche fortgeben
oder sich zu Tisch oder Theater umkleiden — niemals
wird der Koffer zur rechten Zeit dasein. Ueberhaupt
ist die vielgerühmte amerikanische Eisenbahnbehandlung
für jeden Hausknecht ein Vergnügen, für jeden
Amerikaner ein Stolz, für jeden persönlich anständigen
Menschen eine Marter und nur Pein. Es giebt absolut
kaum Platz mehr, als daß man eine Zahnbürste bei sich
führen kann, und bei den großen Entfernungen kann
man in Verzweiflung geraten. Für Damen zumal
giebt es nichts Beschämenderes und Peinlicheres, als in
solchem vergoldeten Palace-Car abgerackert zu werden.

Bei meiner Fahrt in die Rocky mountains hatte ich
einen Großgrundbesitzer aus der Gegend von Pueblo
neben mir, dessen Unterhaltung über die hiesigen land=
wirtschaftlichen Verhältnisse mir manchen gewünschten
Aufschluß gab. Wasser, Wasser, Wasser war Alles,
was dazu nötig war. Er kauft den acre Land mit
Wasser für 40 Dollars, dagegen den ohne Wasser für
1 Dollar. In den Ranchos zieht sich das Vieh groß,
das in Denver, Kansas, St. Louis, selbst Chikago
geschlachtet wird. Mais, Weizen geht nach dem
Missouri und weiter per Bahn bis Frisko. Der
Koloradokäfer war ihm unbekannt, und Luzerne hatte er
aus Deutschland für sich eingeführt. Der Zug war voll
von Familien, die der Hitze aus dem Wege gingen,
um in den Bergen einen längeren Aufenthalt zu
nehmen. Während der Zeit hatten wir uns den Bergen
genähert. In der Entfernung von etwa 20 Meilen

sahen sie ohne Vorberge mit dem plötzlichen Aufstieg und der oberen Schneekante den Pyrenäen ähnlich. Merkwürdigerweise aber verloren sie, je mehr wir uns näherten. In den kleinen Stationen brachte man wundervolle Blumen, die auch unsere Gärten schmücken, hier aber wild wachsen. In der Nähe zeigte sich das Gebirge fast wie die Vogesen, war aber viel rauher, unkultivirter, baumlos, wild zerklüftet und oft mit zu Tage tretendem roten Sandstein durchsetzt. Unser Ziel waren die Colorado springs und vor Allem Manitou, das Baden-Baden der Felsengebirge. Mit einer gewissen Enttäuschung kam ich an. Die Villen waren Holzhäuser mit Veranden, die Baumanpflanzungen jung, der Rasen von vorgestern. In dem größten Hotel fand ich ein Unterkommen. Das Haus machte den Eindruck einer mit Bindfaden zusammengehaltenen Zündholzschachtel. Meine Koffer waren natürlich nicht da, und als sie kamen, hatten sie keinen Platz in meinem Zimmer und mußten auf der Veranda bleiben. Die fatalste Ueber= raschung aber war die, daß bald darauf eine Art Tornado über den Ort einbrach, vor meinen Augen einen Wagen, die Veranda und Alles, was darin war, umwarf, Bäume knickte und Alles in Schrecken und Entsetzen brachte. Was im Haus war, lief ins Freie, und was draußen war, suchte sich im Hause zu schützen. Schließlich war nun aber kein größeres Unglück geschehen. Der Schreck hatte Alle sogleich mit einander bekannt gemacht, und nun sah ich erst, daß eine Menge Menschen im Ort waren. Das Thermometer war in 10 Minuten etwa 15° herunter gegangen, und es schien uns empfind= lich kalt zu sein. Im Speisesaal fand sich dann eine recht elegante große Gesellschaft zusammen. Die Schachtel, in der wir wohnten, mußte aber doch etwas gelitten haben, denn es knasterte bedenklich und alle

Augenblicke fiel irgendwo Abpuß herunter, noch steht sie aber.

Dienstag, 27. Juni. Heute früh glaubte ich verzaubert zu sein, mußte mich erst besinnen, wo ich sei, denn eine ideale Stille herrschte um mich her. Keine Dampfmaschine, kein Nebelhorn, kein Geschrei, der erste Blick aus dem Fenster fiel auf die etwa 7000 Fuß hohe Gebirgswand, welche im Hintergrund durch Schneegipfel gekrönt wurde. Ein Major Pike hatte zuerst dort den höchsten Gipfel bestiegen und nach ihm ist er Pikes Peak genannt. Die Höhe über dem Meere ist 14,000 Fuß, also etwa so wie unser Mont Rosa in den Alpen. Berge sehen für mich am schönsten immer von unten aus, eine waghalsige Gesellschaft aber hat hier von Manitou für etwa $\frac{1}{2}$ Million Dollars eine Zahnradbahn bis auf die Spitze gebaut, und da hielt ich es denn für meine Pflicht, ihnen zu den Zinsen zu verhelfen. Manitou zieht sich in hübschen Villen einige hundert Fuß an den Bergen hinauf, dann setzt man sich wie in der Rigibahn in einen Wagen, dessen Sitze zuerst sehr verschoben erscheinen, und eine kurze Lokomotive, die die Hinterbeine verloren zu haben scheint, stößt uns mit einer Steigerung von 1 Fuß auf 4 so in die Höhe, als ob man ein Dach in die Höhe fährt. Mit Gottvertrauen überläßt man sich einem Schlossergesellen und der Haltbarkeit eines Stückchens Eisen, und da lange kein Unglück vorgekommen ist, hofft man, daß es auch dieses Mal nicht sein wird! Zuerst passirt man eine enge Schlucht, rechts und links mit kolossalen Sandsteinblöcken umgeben, die vielfach so drohend stehen, daß man sie auf der Rückfahrt nicht an derselben Stelle zu sehen denkt. In mehreren Stationen nimmt die Maschine Wasser, Alles springt heraus, um fremdartige Blumen zu pflücken; während der Fahrt sieht man einen ruppigen gelben Fuchs, eine fußlange gefleckte Eidechse und verschiedene andere dem Iltis, Marder und Prairie=hündchen ähnliche Tiere. Natürlich findet sich ein Reisender, der vor zwei Jahren a large Elk, wie man hier den Wapitihirsch nennt, gesehen haben will, und andere fragen nach der gabelförmigen Antilope, die zur größeren Beruhigung der Gemüther aber öfter unten in den Orten ausgestopft zu finden ist. Man staunt über die Gewalt der vulkanischen Urkräfte, die hier weiß Gott wie lange her alles Gestein in Splitter geschüttelt haben, und wie aus Humor über die Zerstörung ist gerade der eigentliche Riesenkrater die einzige Gegend im ganzen Bergstock, welche grüne Wiesen und grüne Bäume trägt. Gerade dieses scheint mir verdächtig, und wes=halb sollte nicht auch mal wieder das infernale Leben da losgehen, wo die Kanäle alle schon einmal in Ge=brauch waren, in einem Lande, wo man nur einige hundert Meter zu bohren braucht, um Erdgas, Petroleum, heiße Quellen in Thätigkeit zu setzen? Je höher man steigt, desto mehr wächst das Bild der Verwüstung. Wald=brand hat alle alten Bäume zerstört, die mit ihren ver=stümmelten Armen um Erbarmen gen Himmel zeigen. Hier giebt es aber wenig Erbarmen, wie die kleine Probe von Tornado von gestern Abend zur Genüge bewies. Wir hatten nur eine kleine Andeutung bei seinem Ende empfunden, hier oben aber waren die Zer=störungen erschreckend anzusehen. Das häufige Auf=treten dieser drehenden Stürme hatte sichtbar den Bäumen in ihrem Wachstum eine so starke Drehung gegeben, daß die Saftbewegung dadurch unterbrochen, und ein Absterben die natürliche Folge war. Nur die Birke wagte es, sich der Schneegrenze zu nähern, dagegen fanden sich reizende farbig blühende Blümchen noch im Schnee. Es wurde im Aufstieg so kalt, daß man Alles

anzog, was man bei sich hatte, der Hauptübelstand aber
war die in 14,000 Fuß hoch so verdünnte Luft, daß
sie Kopfweh und bei den meisten sogar Uebelkeit hervor=
rief. Ein Chinese hatte in einer Blockhütte einige Er=
frischungen; ein Photograph bat uns, recht freundlich
auszusehen. Außerdem aber war ein Telegraphenamt
dort, welches ich benutzte, lieben Freunden in der
Heimat Geburtstagsglückwünsche zuzurufen. Die Aus=
sicht von der Höhe ist wahrhaftig großartig, und ob=
gleich ich nicht viel Berge bestiegen habe, kann ich mir
kaum denken, daß es eine ähnliche giebt. Der Berg=
stock erhebt sich fast steil aus der Ebene, und diese hat
keine Unterbrechung, die das Auge stört. Im Süden
erheben sich die mexikanischen Berge, im Norden setzt
sich das niedrigere Gebirge fort. Im Osten aber, wie
im Westen, schweift der Blick über die Ebene, über
Denver hinaus und bis gegen die Salzseen in Utah
hin. Wenn die Luft nicht gar zu dünn gewesen wäre,
hätte man gern noch länger da verweilt, so aber mußte
die Rückfahrt angetreten werden. In der Steigung war
die Sache garnicht so gefahrvoll erschienen, bei dem
schleunigen Bergab aber kam der Wagen oft in bedenk=
liche Bewegungen. Als wir beim alten Krater vorbei=
fuhren, fiel mir ein, daß Marius zu seiner Zeit mit
seinen Kohorten im kalten Krater des Vesuv sich gelagert
hatte und auch wohl kaum gedacht haben mag, daß
einige Jahre später sein Lagerplatz das schönste Feuer
speien würde. Unten in Manitou fanden wir wieder
eine recht empfindliche Hitze vor, die mich aber nicht
abhielt, ein Dutzend Colorado springs zu besuchen und
durch den William Cañon und Wind Cañon zu fahren.
Das ist ein ein wenig beschwerlicher Weg in engem
Felsthal, welches in horizontal gelagerten Sandstein=
quadern bis zur Höhe von 2000 Fuß die wunderbarsten

Gebilde zeigt. Man glaubt Burgen, Schlösser und Fortifikationen zu sehen, Ruinen von Bauwerken aller Stile, und dennoch sind es nichts wie zufällige Stein=bildungen, die durch Wasser und Verwittern dem Auge romantische Täuschung bereiten. Man sieht hier viel=fache Höhlen, die augenscheinlich in prähistorischer und noch späterer Zeit als Wohnungen gedient haben. Bei den Antiquaren findet man dazu augenscheinlich vor=mexikanische Gegenstände, die in diesen Höhlen gefunden sind. Vornehmlich sind es graue Thongefäße, die in der Hand, ohne Scheiben, aber nicht ohne Hindeutung auf eine künstlerische Idee hin gefertigt sind. Der Zu=fall fügte es, daß ich Gelegenheit fand, einen Apteryx zu kaufen, um den mich jedes naturhistorische Museum beneiden könnte, da die wenigen Exemplare, die in der Welt noch vorhanden, genau bekannt sind. In den Colorado springs lebt es sich wunderbar ruhig. Man vergißt ganz, daß man in Amerika ist, wo aber ist schließlich Ruhe zu finden? Die Nachbarschaft von Neu=Mexiko und Arizona erscheint doch zu verführerisch, um nicht noch einen Blick dorthin zu werfen. So=bald die Wäsche fertig ist, geht's also wieder weiter. Nächsten Sonntag hoffe ich in Utah am Salzsee zu sehen, was denn eigentlich an der Vielweiberei der Mormonen ist.

Mittwoch, 28. Juni. Gestern Abend war noch ein eigentümliches Ereignis, das ich erwähnen möchte. Plötzlich entstand im Hotel eine Bewegung, als ob ein großes Unglück geschehen sei. Alles stürzte, um Thür und Fenster zu schließen. Aus den Bergen war eine Stinkkatze um das Haus geschlichen und hatte, von einem Köter attackirt, von dem Zauber ihres Wesens den aus=giebigsten Gebrauch gemacht, nämlich einen Saft von sich zu geben, der so penetrant bisamartig scharf riecht, daß man Thränen in die Augen bekommt. Die Katze war gerettet, aber die Gartenspritze war bis in die halbe Nacht nicht im stande, ihre Erinnerung zu vertilgen. Heute früh wurde eine längere Partie in die Berge gemacht, um die wunderbaren Sandsteinformationen zu sehen, denen man hier allerhand Namen gegeben hat, was den Kutschern und den Führern von der größten Wichtigkeit erscheint. Ein Krater wird der Göttergarten genannt und verdient so zu heißen. Man glaubt, Wagner müßte hier die Anregungen gefunden haben zu seiner gewaltigen Musik. Man glaubt, in einzelnen Felsen den Wotan, den Fafner und Fasold und Mime zu sehen, und eine Felsengruppe ist da, als wäre sie das Vorbild des von den Riesen gebauten Götterpalastes. Alles sieht dunkelrot, wild, zerklüftet in phantastischen Gebilden aus. Steht man so, daß man zwischen diesen Felsencoulissen das liebliche grüne Manitou sieht, über dem der schneebedeckte Pikes Peal in 14,000 Fuß Höhe den klaren, tiefblauen Himmel zu tragen scheint, gönnt man jedem Maler den herrlichen Blick! O, könnte man ihn festhalten! Ueberhaupt könnte ein Maler sein Leben hier zubringen, ohne die schönen Vorbilder zu erschöpfen. Die Photographen thun was sie können, aber außer in der Form liegt hier der Reiz in der Farbe. Der Tag war wieder überaus heiß gewesen, trotzdem wurde gegen Abend noch einmal der phantastische Williams Cañon durchwandert, der Apteryx nach Berlin expedirt, noch einmal in herrlichem Abend die himmlische Ruhe genossen, denn morgen geht's wieder weiter nach dem Westen. Es beginnen nun drei recht anstrengende Wochen, es müßten daher Kräfte im Voraus gesammelt werden.

Donnerstag, 29. Juni. Heute galt es, bis

Leadville

zu kommen; der Weg dorthin führt durch den Hauptdistrikt der größten Gold= und Silbergewinnung in Amerika. Jeder Blick zeigte eine oder mehrere Minen, an jedem Bahnhof waren Wäschereien. Man macht sich kaum eine Vorstellung von dem lebhaften Treiben in dieser Gegend, und in vielen Dingen wird man noch an die Zeit des ersten Goldfiebers erinnert. Alles sieht noch ein wenig nach Raubbau aus, die Baulichkeiten sind nicht auf die Dauer gebaut und unregelmäßig durch= einander gesetzt. Schmalspurbahnen mit zahllosen Zügen mit Erzen durchkreuzen sich aller Orten. Selbst die Menschen haben noch was von dem wilden Westen bei= behalten: Schmierstiefel, Schlapphüte, zerrissene Hosen und dunkele oder bunte Hemden, wilden Vollbart, Revolver in der Tasche. Trotz und Verachtung in den Zügen, Schmutz, wo man hinsieht! Dabei aber schwere Uhrkette und dicke, große, goldene Uhr! Das sind nun zahme Ingenieure und Arbeiter, der Herr sieht aus wie der Knecht, aber abends sitzen sie zusammen in der „Schmeckhalle", wo das Spiel noch getrieben wird, als ob es Tollhäusler wären, und ab und zu giebt's noch Musik dazu, d. h. mit dem Revolver. Die Orte nehmen hier mittlerweile zivilisirte Physiognomien an; wenn sie 1000 Einwohner haben, werden sie in weiser Voraus= sicht von der Stadtverwaltung auf 30= bis 50,000 vor= bereitet. Die Straßen sind überall tracirt, von Nord nach Süd liest man auf den Holzpflöcken Avenue, auf denen von Westen nach Osten Straße 13, 14, 15. Wo das Geld herkommt, weiß ich nicht, aber Bahnhof, Stadthaus, sieben Kirchen, Schulhäuser, elektrische Bahn werden, glaube ich, schon angelegt, wenn erst drei Einwohner da sind. Dann wird Alles verboten, Alles sehr teuer gemacht, einer ist Konstabler und haut auf die beiden Anderen, und dann ist die Stadt fertig. Es lebe die Freiheit! Hierauf werden drei Zeitungen gegründet. Zwei schimpfen dann auf die dritte, und schließlich kommt noch ein Neger zur Bedienung und ein Junge der ihm gerösteten Mais verkauft. Heil Amerika!

Ich hatte mich nicht mit Anerkennung über die Pferdezucht im Osten des Landes ausgelassen, muß aber doch sagen, daß ich im Centrum des Landes, in Kansas, einen vortrefflichen Pferdeschlag angetroffen habe, der in schöner Form große Leistungsfähigkeit zeigt. Die Pferde sind bei der Massenzucht nicht teuer und werden hier mit 400 ℳ bezahlt, wogegen man bei uns solches Pferd nicht unter 1500 ℳ haben könnte. Die Pferde sind schnell und äußerst gutartig, da jedes Kind oder Dame unbedenklich darauf gesetzt wird. In Manitou kam eine Menge Pferde kaum von der Straße, bald galoppirte Dieser, bald Jener damit umher, „in der Zwischenzeit" blieben sie an der Kandare am Zaun angebunden.

Am frühen Morgen wurde die Fahrt nach Leadville angetreten. Nach mehrfachem Wagenwechsel an kleinen Stationen saßen wir endlich im Pullmann und begleiteten nunmehr den Arkansas bis zu seiner Quelle. Manitou liegt 7000 Fuß hoch, Leadville dagegen 10000 Fuß; das Sandsteinfelsengebirge zeigt vulkanische Formen, Kraterbildung, und bei den Eruptionen haben sich Felsendurchbrüche gebildet, die dem Arkansas den Abfluß gestatten. Bei Leadville ist er ein Rinnsal, dann wächst er bald zu reißendem Wildbach und gleicht in der Klamm dem Ticino bei Airolo. Nun aber giebt er den Ingenieuren die härtesten Aufgaben, ist zu über= brücken, und vielfache Trümmer zeigen, daß er oft un= berechenbar stärker ist, als sichere Berechnungen. Doch muß man bei diesem Eisenbahnbau staunen über die Energie, mit der die oft merkwürdigsten Arbeiten zu Ende geführt sind. Nicht eine, sondern drei Bahnen laufen hier nebeneinander, und wo nicht Platz genug dazu ist, sind sie übereinander fortgeführt. Die Kurven sind so stark, daß die langen Züge langsam gar nicht durchzuführen wären, ohne daß die hinteren Wagen dabei entgleisten; deshalb wird dieser Bahnwirrsal in einem Tempo durchfahren, wie bei uns etwa der Ham= burger Schnellzug fährt. Alle Augenblicke muß man sich halten wegen der schnellen Neigung, und oft denkt man, daß das schöne Leben hier ein Ende haben muß. Wie aber hier in Amerika Alles anders ist, als man denkt, so geht die Sache glatt ab. Jedesmal, wenn man sich in dem Zuge einem Schlossergesellen anver= traut, sagt man sich, daß er ja immer der Erste ist, der dabei zu Grunde geht, und daß alle Tage da so und so viel Züge fahren, ohne daß etwas Besonderes passirt, vielleicht passirt heute auch nichts. Gestern ist was auf der Strecke passirt. Mehrere Kerle hatten durch Vor= lagen den Zug gestellt. Einer betrat die Maschine, und als der Heizer es wehren wollte, wurde Letzterer niedergeschossen. Die Anderen fingen an, den Post= wagen und die Coupees zu plündern. Im Zuge aber trugen zwölf Herren Revolver, die mit ihrem Peloton= feuer die Bande verjagten. Dem Kondukteur gelang es, Einen davon noch dingfest zu machen und er hat heute 1000 Dollars dafür zugebilligt erhalten. Die beiden schönsten Klamms sind Royal Gorge und the grand Cañon of Arcansas. Beide sind großartig schön. Der Fluß ist von einer Gewalt, daß er in wilder Kraft bald rechts, bald links die Felswand hinaufzurollen scheint. Unten verengt sich das Flußbett oft bis auf 25 Schritt, bei fast senkrechtem, scharf zerrissenem Gestein von 6—800 Fuß. Ich kann es nur mit der Xiloscala in Creta vergleichen, die ich vor mehreren Jahren nicht ohne Lebensgefahr durchritt. Hier aber ist die Bewunderung der Naturschönheit beeinträchtigt durch das Staunen über die Kühnheit des Menschen, sich einen Weg zu schaffen, den man mit einer Schnelligkeit von 85 Kilometern in der Stunde durchfliegt. Wir durchfuhren die Städte Puebla und Florence. Diese ganze Gegend steht auf petroleumhaltigem Boden. Wie ein Wald von Bäumen ragen die Pumpkonstruktionen in die Lüfte. Riesenteiche sammeln das Oel auf, und erst aus den Teichen wird es in Tank barrels versendet. Man hört in ganz Amerika niemals das Wort Petroleum, sondern stets nur Oel, und doch habe ich bei Philadelphia Rapsbau bemerkt und auch Olivenöl aus dem Süden gesehen. Die ganzen Städte bestehen nur aus Oelbureaux, und der Verkehr war außerordentlich lebhaft. Alles ist noch unfertig und im Entstehen, kleine Holzhäuschen, Baracken und Zelte mit Riesen-Reklameaufschriften. Die ganze Sache zeigt trotzdem Reichtum, Wohlleben, und hat auch die üblen Seiten des Wachsens zur Folge. Der Boden ist wie gepflastert mit Delikatessen-Blechbüchsen, alten Champagnerflaschen, und jedes dritte Haus ist eine Schmeckhalle, d. h. ein Spielhaus. In einer kleinen Station, Salida, war uns vergönnt, recht gut zu Mittag zu essen. Die Bedienung machten nette junge Mädchen, und war dies für uns so ungewöhnlich, nachdem wir wochenlang nur Negerfinger und rauhe Gutturaltöne ertragen hatten, daß ich glaubte, mich in der Zeit geirrt zu haben und in den Zug sprang, der sich soeben in Bewegung setzte. Zu spät bemerkte ich, daß es ein falscher Zug sei, und um wieder zu meinen Sachen zu kommen, sollte ich in einer Station aussteigen und meinen richtigen Zug er= warten, der in einem halben Stündchen nachzufolgen hatte. Das hatte gewissermaßen seine Schwierigkeit, weil dies erstens ein Zug der Konkurrenzbahn war, und die Beamten ungern über die andere Aufschluß geben wollten; dann fragte ich drei Beamte, die mir die Station Universiti, ein Anderer Judenveste nannte, und als ich an einer Station Bonavista ausstieg, war dort die Aussprachsweise dieses Namens noch ein halbes Dutzend mal anders. Enfin — mein Zug kam und Alles war in Ordnung. In einem Ort befand sich ein imposanter Bau mit Türmen, und fast hätte man ihn für den Sitz eines der großen Millionäre oder Eisen= bahnkönige halten können, wenn nicht ein paar Hundert braun und gelb gestreift gekleidete Arbeiter uns gesagt hätten, daß dies eine Strafanstalt sei. So mancher Revolverheld mag hier Beruhigung finden! Die Bahn war nunmehr zu solcher Höhe gestiegen, daß der Schnee rechts und links von der Bahn lag. Die Gipfel waren überhaupt noch schneebedeckt, aber am Tage, als in Kansas der heftige Tornado gewütet hatte, war hier großes Schneetreiben und bisher war die Sonne nicht stark genug gewesen, ihn ganz zu schmelzen. Man zog schon einen Rock mehr an und erfreute sich, nach der wochenlang erlittenen Hitze, der frischen, reinen, dünnen Luft. In jedem Thal waren die Ansiedelungen sehr provisorisch, die Häuser Blockhäuser und sahen mehr verteidigungsfähig als nach Wohnstätten aus. In der Nähe befanden sich immer die Oefen zur Goldschmelze. Einzelne Ranchos, in deren Nähe ein Versuch zum

Aderbau und ein paar Stücke Vieh sichtbar waren, sahen mehr Beduinenlagern ähnlich, und die Menschen dabei, als ob sie für dieses Leben nichts mehr zu fürchten, aber auch nichts mehr zu hoffen hatten. An vier bis fünf Stellen zeigten sich auffallend große Kirchhöfe, in denen auch so manche Hoffnung versenkt sein mochte. Alles erinnerte an die erste Zeit des Goldfiebers, und viele Leute, die da umhergingen, auch in den Zug stiegen, mußten das Alles selbst einst miterlebt haben. Endlich, als der große Kansas so geworden war, daß die Kinder in ihm spielten, als die Goldschmelzen sich zu Straßen mehrten, als wir 10 000 Fuß über dem Meeresspiegel angekommen waren, rief der Kondukteur irgend etwas, was man auch für Leadville hätte halten können. Sehr interessant war es, etwa 1000 Arbeiter zu sehen, die durch die Nachtschicht abgelöst waren. Die Leute hatten jeder ein Blechgefäß, welches ihr Essen enthalten hatte, sahen wie Räuber und Banditen aus. In jeder Hosentasche steckte ein Revolver. Ihre Hal= tung aber war ruhig, sichtlich müde und anständig. Im Hotel Vendome in Leadville überraschte mich zuerst, daß das ganze Hotel wie mitten im Winter geheizt war. Im Vestibule saßen ein Dutzend Leute vor flackerndem Kaminfeuer, und die Betten waren auf Kälte eingerichtet. An der table d'hôte saßen etwa 200 Leute, Ingenieure, Techniker, Spekulanten, die alle nur wenig mehr gewaschen wie die Arbeiter aussahen, sich meist nur halblaut unterhielten und ein Glas Eismilch vor sich hatten. Junge Mädchen bedienten, doch machte es fast den Eindruck, als ob man in einem Kloster zu Gast sei. Ein Gang durch die Stadt zeigte Leadville so, als ob es in den letzten acht Tagen entstanden sei. Meist nur kleine Holzhäuser, ein Knüppeldamm als Trottoir und echt amerikanisch ein great operahouse mit

4000 Sitzen. Daß ein Cirkus da war, hatte ich gleich bei der Ankunft aus meinem Hotelfenster gesehen, denn da war das ganze Haus vis-à-vis mit den schönsten Affichen beklebt. Man mußte dabei nicht vorsichtig genug zu Werke gegangen sein, denn in dem Augenblick, als ich noch die gewagten Bilder studirte, fiel die ganze Wand vom Hause ab, glücklicherweise ohne Unglück zu verursachen. Jedes dritte Haus ist ein Schnapsladen, und vor jedem Haus lungern ein Dutzend Menschen und erfreuen sich zwischen einer und der andern Herzstärkung des regen Lebens auf der Straße, wo Herren und Damen zu Wagen und reitend und per Velociped auf und ab jagen. Jede Straße entlang sieht man die Schneeberge. Die Vorstädte erinnern sogar ein bißchen an Hammerfest, oder sollte die Temperatur dabei eine Rolle spielen? Alle diese Beobachtungen aber wurden durch das Nachtleben von Leadville in Schatten gestellt. Um 10 Uhr fand ein feierlicher Aufzug statt mit Musik und Windlichtern, Beten und Gesang. Es war die Heilsarmee, die mit sechs Fähnlein ihres Amtes waltete. Ich folgte fromm und neugierig, bemerkte aber, daß ich der Einzige zu sein schien, der davon Notiz nahm. Die Tête bog in eine Seitenstraße, und nun begriff ich erst, was das zu bedeuten hatte. In dieser Straße herrschte Wein, Weib und Gesang, und Alles, was ich nur zu sehen bekam, war dazu angethan, den Arbeitern jegliches erworbene Geld bis auf den letzten Cent sofort wieder abzunehmen. Die ekelhaftesten Verlockungskünste waren an jeder Thür, jedem Fenster ausgestellt, um die Vorübergehenden hereinzuzwingen. Die ganze Vorderfront der Häuser war ein Fenster, man sah meistens Dreiteilung. Im vorderen Raum waren die Tische gedeckt, Getränke nach Belieben gegeben, Alles frei. In der zweiten Abteilung

standen auf jedem Tisch rouletts und im dahinter liegen=
den Raum trieb Venus ihre Scherze. Musikbanden
oder virtuose Künste aller Art quälten sich unbeachtet
ab. Die Spieltische waren belagert und es ging da
hoch her. Im Allgemeinen herrschte aber Stille und
Ruhe, und jeder Streit wurde von den Wirten im Be=
ginn schon beigelegt. Die Heilsarmee hatte sich in
Sektionen geteilt, trat unbehelligt, aber auch unbeachtet
in das Lokal, sang knieend einige geistliche Strophen,
und dann predigte ein Mensch, der meistens so aussah,
als ob er nicht den Beruf dazu hätte, aber durch starken
Spielverlust genötigt sei, die Andern zu warnen. Er
klagte über die Schlechtigkeit der Menschen im Allge=
meinen, derjenigen aber von Leadville im Besonderen,
und that sein Möglichstes, die Sünder zu warnen, oft
so warm, daß seine Heilsunterbeamten laut schluchzten
und die Hände rangen. Die Sünder aber schienen gar
nicht zu sehen oder zu hören. Wenn dann noch eine
Strophe unter Bekreuzigungen gesungen war, zog der
Heilsoffizier mit seinen Töchtern in ein neues Lokal.
An etwa 200 solchen Lokalen ging ich vorüber und fand
stets den gleichen Ton, den gleichen Erfolg. Die Wirte
werden reiche Leute, ihre Frauen kaufen sich den schönsten
Hut und lassen sich Lady nennen. Sie ißt mehr ge=
rösteten Mais und er spuckt zweimal so viel als früher.
Man muß das hier sehen, um es zu glauben, daß
solche Zucht möglich ist, man würde aber viele Zustände
hier im Westen gar nicht verstehen, wenn man sich nicht
durch Augenschein davon überzeugte. Ein Polizeioffizier,
der es übernommen hatte, mich umherzuführen, sagte,
ich bekäme überhaupt keinen Begriff von dem Leben
der Goldschmelzer und Silberwäscher, weil die Nachricht,
daß England in Indien eine andere Währung einführen
wollte, allein schon zur Folge gehabt hatte, daß vier

große Gesellschaften ihre Arbeiten eigestellt hätten und augenblicklich hier kein Mensch recht wüßte, was die nächste Zukunft bringen würde. Alles wäre timid und in Besorgnis. Die Menschen, die einmal hier gelebt hätten, wären zu allem anderen Leben untauglich geworden. Er meinte, ehe sie was Anderes arbeiten lernten, gingen sie lieber mit der Heilsarmee singen.

Freitag, 30. Juni. Früh morgens wurde eine hübsche Partie nach dem sechs Meilen weiten grünen See unternommen, der noch ein paar hundert Fuß höher als Leadville liegt. Es ist ein Lustort der Städter. Der Wirt muß es wohl verstehen, mit ihnen im rechten Ton zu verkehren, denn am See steht auf einer Tafel: „Wer hier fischt, wird totgeschossen". Die Luft war so empfindlich dünn, daß man sich stets in einer Art Uebelkeit befand; ich fahre daher heute noch nach Utah. Ich kann nicht unterlassen, den Amerikanern noch meine Hochachtung auszudrücken, denn es ist ihnen gelungen, meinen Stahlplattenkoffer in seinen Grundvesten zu erschüttern, ich hoffe, ein Mormone wird ihn wieder schmeißfähig herstellen. Was überhaupt im Koffer entzwei gehen kann, ist bereits in Stücken. Die Abendzeitung bringt traurige Nachrichten aus Denver, wo das Silber-Komitee tagt, der Silberwert ist auf 62 % gefallen, und die Weisung erteilt, vier Silberschmelzen mit heute Abend einzustellen. Die Arbeiter stehen wie vor den Kopf geschlagen in den Straßen umher, sind aber stille und ruhig. Ein Arbeiter, der die Erze zur Schmelze karrt, verdient täglich drei bis vier Dollars, und bessere Stellen werden mit acht bis zehn Dollars pro Tag bezahlt. Leadville hatte schon einmal 30 000 Einwohner, jetzt sind es 29 000, sollte die Silberkatastrophe aber anhalten, dürfte die Zahl bald bis auf die Hälfte zurückgehen. Ein Pullmann

Palace-car führte uns nach Westen weiter. Es scheint, als ob die Amerikaner eine Scheu vor Tunnels haben und lieber Kurven fahren, die man bei uns vielleicht nur auf der Bahn bei Bitsch im Elsaß sieht. Es gehen hier geflechtartig meist drei Bahnen nebeneinander und zahllose Stränge zu den Schmelzen, die die Bahn stundenlang begleiten. Damit nun kein Unglück bei etwaigen Kreuzungen eintrete, fährt vor dem Expreßzug eine Kurierlotomotive allein voran und macht einen Heidenlärm mit Läuten, Pfeifen, Dampfen, die Maschinisten mit Schreien, Winken, dann aber wird darauflos gefahren, als sollte der König werden, der zuerst entgleist. Die Schneeberge begleiten die Fahrt, und wenn man bei der Wasserscheide den Arkansas verlassen hat, thut sich ein Flüßchen, der Eagle, ungemein wichtig, springt wie eine wilde Katze bald rechts, bald links von der Bahn, macht Wasserfälle und Stromschnellen so schön, wie er nur kann, und merkt es kaum, daß er alle paar hundert Schritt schon dienstbar geworden ist und Gold auswaschen muß. Aber auch das macht er ganz apart, indem er Wasserstrahlen die Berge herabschickt, daß man immer halten bleiben möchte, um dies ungewohnte Schauspiel länger in sich aufzunehmen. Alle gentlemen, die in den Palace-car steigen, haben schwarze Hemden, Schnepfenstiefel, keine Taschentücher, wilde Gesichter und breitkrämpige Hüte. Der Revolver guckt ihnen aus der Hosentasche. Sie reden nicht, benehmen sich sehr anständig. Wenn sie aber aufstehen, ist das Sammetkissen voll Sand, oft riecht's nach Brandy. Sehr eigentümlicherweise, aber ganz im Gegensatz zu unseren Sportsleuten, tragen sie alle dicke Handschuhe. In den Vorbergen nach Westen zu liegt ein reizender Badeort, Glenwoodsprings, der voll von Sommerfrischlern, festlich illuminirt, in Musik und Froh=

sinn erklang. Die Silbernachricht mußte wohl noch nicht hierher gekommen sein. Nun trat aber die Bahn in eine trostlose Prairie ein, die bis an den andern Morgen währte; die Vorsichtslokomotive hatte uns verlassen, und der Schlossergeselle, der uns fuhr, schien seinem und unserem Leben ein Ende machen zu wollen, denn zweimal wurde ich aus meinem Bett geschleudert und oft gab es ein Krachen, als wäre es das letzte Stündchen. Bis jetzt habe ich in Amerika noch keinen Bahnwärter gesehen oder Jemand, der nachgesehen hätte, ob eine Axe warm ist. Nun, es geht also auch so!

Sonnabend, 1. Juli. In der Breakfaststation wurden wir von einem sehr gewandten Kellner bedient, der einem meiner Reisegefährten, dem Herrn Dr. Morff, sehr bekannt vorkam. Er gab sich denn auch als Graf T. aus München zu erkennen. Wie viele Herren aus der Armee mögen hier in den dürftigsten Verhältnissen leben und in der Arbeit darüber nachdenken, ob es nicht vielleicht besser gewesen wäre, es nicht bis hierher kommen zu lassen! Die Gehöfte zeigten nunmehr bessere Häuser, sorgfältigeren Feldbau und viele Baumanpflanzungen. Wir hatten den Staat Kolorado verlassen und das Territorium

Utah

erreicht. Bisher hat Utah noch nicht das Recht der selbständigen Vertretung im Parlament in Washington erreichen können, weil es sich mit der Mormonen-Vielweiberei im Gegensatz zu den Gesetzen der Vereinigten Staaten befand, in denen diese Sekte verboten ist. Seit fünf Jahren aber strebt man in Utah den Anschluß an die Vereinigten Staaten an — man spricht nicht von der Vielweiberei, zeigt sie auch nicht öffentlich und giebt sich den Anschein, als ob dies ein überwundener Standpunkt sei. Gut unterrichtete Leute aber meinen, daß, wenn auch die jüngere Generation im Zeitgeist lebe, die älteren Gemeindeglieder sich noch nach den Anschauungen Brigham Youngs hielten. Keine Stadt hat mich so getäuscht wie

Salt Lake City.

Ich glaubte eine Art Herrnhuter=Stadt wie Niesky oder Gnadenfrei zu finden, fand aber eine moderne amerikanische Stadt mit lautem Straßenverkehr, Theatern, Tingeltangeln. Alles in lebhaftem Bau begriffen. Die Hauptstraßen haben Läden wie unsere Fünfzigpfennig= Bazare. Es scheint aber eine merkwürdige Energie zu herrschen; wenn sie etwas anfingen, so arbeiteten 2000 Menschen gleichzeitig in allen Straßen, um zu asphaltiren, und arbeiteten so regsam, als ob morgen Alles fertig sein sollte; lärmende elektrische Bahnen durch= sausen die Stadt in allen Richtungen. Der See ist dreißig Minuten mit der Eisenbahn entfernt. An einer Stelle ist ein Badeetablissement wie auf dem Lido in Venedig. In schwarzem, unkleidsamem Badeanzug wird dort viel gebadet, Herren und Damen zusammen. Das Wasser ist so salzig, daß es in den Augen schmerzt; sobald man bis an die Brust ins Wasser gegangen ist, hebt es einen auf die Oberfläche, und nur mit Anstrengung kann man zur Tiefe gelangen. Diese Eigentümlichkeit teilt der Salt lake mit dem Toten Meer. Der Zufluß hier heißt auch wie dort der Jordan. Abends fuhren wir nach Saltair, das ist ein phantastischer Prachtbau im See, der eine ovale Kuppel mit offenen Seiten in zwei Etagen zeigt und außerdem 400 Badezellen hat. Der Bau ist abends elektrisch erleuchtet. Musik, Feuerwerk und Tanz locken jeden Abend eine Menge Menschen hinaus. Der Salt lake ist so groß, daß man die Ufer nicht sieht; an drei Seiten steigen die Schneeketten des ~~Babahgebirges~~ in Farben herauf, daß man im Golf von Neapel zu sein glaubt und auch Capri vor sich zu haben meint. Ich war sehr glücklich, endlich hier Briefe, Depeschen und Zeitungen vom 10. Juni aus der Heimat zu finden. Jeder Tag bringt mich ja immer weiter fort, die Briefe, die für mich nach Japan geschrieben werden, machen von Europa die Reise über Amerika zu mir.

Sonntag, 2. Juli. Heute ist solch eine Hitze, daß man kaum etwas unternehmen kann, als sich die Stiefel putzen zu lassen. Da in jedem Hotel alle denkbaren Bequemlichkeiten im ground floor vereinigt sind, läßt man sich unaufhörlich die Haare schneiden, abbürsten, sitzt dann wie ein Amerikaner auf einem Wiegestuhl vor der Thür und sieht zu, wer am weitesten spucken kann. In jeder Minute sausen drei bis vier elektrische Cars vorüber, machen den greulichsten Lärm. Männer und Kinder jagen im Galopp vorüber, leichte Buggys, von Frauen gelenkt, sind stets in großer Anzahl unterwegs. Heute sind schon drei Festzüge der Heilsarmee

an meinem Fenster vorübergezogen. Trotz des Sonn=
tags sind alle Läden offen, eine unglaublich ordinäre
Gesellschaft lungert überall umher. Um 2 Uhr war im
Tabernakel, der den Eindruck einer ovalen Käseglocke
macht und vielleicht 8000 Mormonen barg, großer
Gottesdienst. Eine prachtvolle Orgel leitete die Andacht
ein, dann folgte ein fröhlicher Chorgesang, währenddem
aus silbernen Küchenkörben kleine Stückchen Semmel den
Gläubigen herumgereicht wurden. Aus der Zahl der
Gemeindeältesten oder Propheten stand ein gentleman
in grauem Rock auf und predigte Moral, aber so, als
ob der Staatsanwalt vor ihm stände. Er empfahl zwar
nicht, mehrere Frauen zu nehmen, drang aber im All=
gemeinen darauf, die alten Satzungen in dieser schlechten
Zeit nicht zu vernachlässigen. Schleierhaft ist es mir
doch, daß bei dieser Vielweiberei die Eifersucht keine
Rolle gespielt haben soll! Die Frauen müßten hier
durch die Salzbäder gänzlich ihre Natur geändert haben.
Nach dem Gottesdienst sah ich mir auch den neuen
Tempel an und das Grab vom großen Stifter dieser
Sekte, Brigham Young, fühlte aber bei den 33° Reaumur
keine Anwandlung zu besonderen Unternehmungen. Die
Bagage wurde zur Abreise fertiggemacht.

Montag, 3. Juli. Die große Bagage ging mit
frühem Zuge nach San Franzisko voraus. Eine Hand=
tasche enthielt für zehn Tage das Nötigste, denn für diese
Zeit war eine kleine Kampagne nach dem

Yellowstonepark

bestimmt. Der Yellowstonepark ist ein Distrikt so groß

wie das Großherzogtum Oldenburg, zieht sich an dem
Yellowstoneriver entlang und wurde erst 1860 über=
haupt entdeckt und seiner Eigenart und des wissen=
schaftlichen Interesses wegen zum Nationalbesitz erklärt,
um jede Spekulation und Industrie davon auszuschließen.
Er liegt im Bereich der Staaten Wyoming, Idaho und
Montana. Das Gebiet in nordischer Nadelholzvegetation
ist von wunderbarem Interesse wegen der Jugend der
geologischen Formationen. Etwa fünf= bis sechstausend
Geiser, heiße und Mineral=Quellen in fortwährend sich
neu entwickelnder Kraterbildung haben Ablagerungen,
Terrassen und Formgestaltungen hervorgerufen, die an
die Mondoberfläche erinnern. Es giebt heiße Fontänen
bis zu 150 Fuß Höhe und 1 Fuß Dicke. Es giebt
solche, die fortwährend und solche, die nur periodisch
springen, aber wo sie sich auch zeigen, ein Gebilde von
Formen geschaffen haben, wie sie auf der Erde nie
wieder in der Art vorkommen. Man erkennt bei diesem
Ausflug, wie in unserer Erde doch noch nicht Alles so
fertig ist, wie man im Allgemeinen anzunehmen geneigt
ist. Das arbeitet und brodelt und kocht, als ob es da
unten nicht recht geheuer wäre. Die dort vagirenden
Indianerstämme holten sich ihre Pfeil= und Lanzen=
spitzen und Steinbeile von den dortigen zahlreichen
Obsidianfelsen, hielten den Distrikt auch in gewisser Be=
ziehung heilig, da sie dahin zogen, um gewisse rituelle
Feste gerade dort zu feiern. Andere Stämme dagegen flohen
dieses ihnen unbegreifliche Weichbild mit heiliger Scheu,
und gerade dies mag der Grund sein, daß das Tier=
leben sich dort noch ungestörter als irgendwo in
Amerika entfaltet hat. Die letzten Büffelherden haben
dort ihre Standorte, der Bär ist durchaus nicht selten,
und wer für Hirsche, Antilopen, Steinböcke und Getier
aller Art Interesse hat, wird hier eher als wo anders

Gelegenheit haben, mit ihnen Bekanntschaft zu machen.
Nun, hoffen wir das Beste! — Gestern, am Sonntag
Abend, erklärten sich erst alle die Umzüge mit Pauken·
und Trompeten, Singen, Ausrufen und sonstigem Spek=
takel. Es waren die Ankündigungen zum Abend=Gottes=
dienst von allen nur denkbaren Sekten, die in Salt
Lake City vollständige Freistatt gefunden haben. Heils=
armee, Methodisten, Chinesen und den Sängerchor aus
dem Tabernakel der Mormonen hatte ich persönlich
Gelegenheit zu sehen und zu hören, fand außerordent=
lich starke Beteiligung und überall Ernst und Andacht;
bei den Chinesen aber ungewöhnlichen Schmutz und
Gestank, trotzdem diese Leute meistens Wäscher sind.
Die Gefahr für den allgemeinen Staat und der Grund
der Verfolgung der Mormonen ist der Grundsatz in der
Sekte, keine andere Obrigkeit als den Propheten anzu=
erkennen und ihm und den Propheten absoluten Gehorsam
zu erzeigen. Der Ungehorsam ist mehrfach mit dem
Tode bestraft. Da diese Anschauungen sich nicht mit
der Republik der Vereinigten Staaten vertragen, ist
laut Parlamentsakte der Mormonismus verboten. Ich
schied nicht ungern aus Utah, obgleich bei der Abreise
der blaue Salzsee und der Kranz von Schneebergen ein
Bacchanal von Farbenglanz entwickelte, um sich im
freundlichen Erinnern zu befestigen. Es war wieder
ein Tag mit Siedehitze. Unser Ziel lag aber im Norden
in den Bergen und wir hofften auf Linderung. Das
ewige Eiswassertrinken und ice cream with Soda hatte
denn auch recht bedenklichen Erfolg gehabt, so daß der
Tag nicht zu den gemütlichsten zu zählen war. Er=
innerungen an die Schlacht von Königgrätz vor 27 Jahren
wollten hier auch nicht recht in den fremden Rahmen.
Wir durchfuhren im Staate Idaho Reservationen, in
denen etwa 17,000 Blackfoot=Indianer ihren Aufenthalt

hatten. Vorgestern, am 1. Juli, hatten sie ihre Liefe=
rungen bekommen, infolgedessen heute noch die festlichsten
Tage waren. Vor Hütten und Zelten tummelten sich
zu Fuß und zu Pferde halb und ganz Betrunkene dieser
bunten Gesellschaft, und bewiesen uns, wie gut Buffalo
Bill es verstanden hatte, seine Leute auszusuchen. Von
irgend welcher Arbeit oder einer Andeutung von be=
stelltem Feld war natürlich keine Spur. In den Bahn=
stationen sah man viele schöne Wapitihirschgeweihe und
ausgestopfte Tiere aus der nächsten Umgegend. Unter
den Bediensteten fanden sich viel Schleswig=Holsteiner.
Der Eisenbahnzug fuhr äußerst unegal und beim An=
fahren und Anhalten so ruckweise, daß es dem Schlosser=
gesellen denn auch wirklich gelang, in einer Steigerung
den Zug auseinander zu reißen. Nur durch die ein=
springenden Bediensteten wurde größeres Unheil verhütet,
mit Ketten nachgeholfen und bei der nächsten Indianer=
station ein Pullmann Palace-Car ausgesetzt. Um die
verlorene Zeit aber einzuholen, wurde nun in fliegen=
dem Tempo Alles wieder gut gemacht. Sobald die
Sonne untergegangen war, wurde es empfindlich kalt.
Um 11 Uhr Abends wurde Beaver Cañon, unser Ziel,
gerufen. Wir stiegen aus, tappten im Dunkeln über
Baumstubben, Rinnsale, Bretterhaufen, von Kötern ver=
folgt, nach dem einzigen Blockhause in der Umgebung.
Eine alte Frau aus Wyk begrüßte uns deutsch, teilte
mit uns das Einzige was sie selbst besaß, eine Tasse
Kaffee, fragte noch bis tief in die Nacht hinein, wie es
nun in ihrer Heimat Schleswig=Holstein aussähe, die
sie seit 13 Jahren verlassen hatte, und wies uns ein
äußerst bescheidenes, aber immerhin ein Nachtlager an,
das uns zu der morgen zu unternehmenden Wagenfahrt
von 43 Meilen stärken sollte. Nachts wurde das Block=
haus von neugierigen Indianern umstöbert, infolgedessen

der Hundespektakel wie in Konstantinopel bis an den frühen Morgen dauerte. Soeben, als ich diese Zeilen schreibe, erglänzt ein Rothautgesicht an meinem Fenster, ich hoffe aber, daß es sich überzeugt haben wird, daß mein Skalp kein Schmuck in seinen Trophäen sein dürste. Gute Nacht!

Dienstag, 4. Juli. Die Indianer haben ein Einsehen gehabt und uns unbehelligt gelassen. Gestern war unser Festtag — heute ist der der Amerikaner. Es ist der Gedenktag der Unabhängigkeitserklärung und Alles, Groß und Klein, im festlichen Schmuck. Um 4 Uhr begann das Schießen und Jubeln und verhalf uns denn alsbald in den Wagen. Es mußten 43 Meilen durch die Prairie zurückgelegt werden bis zum Snake-river, dem halben Weg bis zum Yellowstonepark. Die Partie war um deßwillen für uns von besonderem Interesse, weil heute Vergnügungsreisende kaum mehr in die Lage kommen, solche Prairiefahrten durchzumachen, und wir eine Ahnung von den Beschwerden bekamen, die mit der Kolonisation des Landes verbunden waren. Ein vierspänniger Wagen, offen, mit flachem Dach, führte uns durch Gestein und Gestrüpp, wohl zwanzigmal durch Furten von Gewässern in die einförmige Prairie. Am frühen Morgen kalt und windig, steigerte sich die Hitze fast bis zum Unerträglichen. Tiere aller Art zeigten sich vertraut, daß sie nicht allein sich nicht entfernten, sondern auch meistens mit Neugier uns verfolgten, um so seltenen Besuch sich näher anzusehen. Das Prairie- und auch das Birkhuhn war sehr zahlreich vertreten, die Prairiehündchen zu Tausenden zu sehen. Ein kleineres Tierchen, dem Eichkätzchen verwandt, und Erdratten richteten sich dem Wagen gegenüber oft auf den Hinterbeinen auf und schienen sich gegenseitig ihre Beobachtungen humoristisch mitzuteilen.

Vögel flogen oft Kilometer lang neben dem Wagen her. Nach vier Stunden Fahrt trafen wir ein einzelnes Blockhaus. Schotten waren die Besitzer. Der Mann, ein Trapper alter Schule, tüchtiger Jäger, hatte das Wohnzimmer voll Gewehre und in einer Koppel ein halbes Dutzend Elfe von beträchtlicher Stärke eingezäunt. Das Vieh kam im Trabe an, um so fremdartige Gäste sich anzusehen und schien Scheu garnicht zu kennen. Die Frau hatte seit fünf Monaten keine fremden Menschen gesehen, bereitete in dem überaus sauberen Hause uns ein frugales Essen und stand wie verzaubert, als wir wieder weiter fuhren. Nach weiteren fünf Stunden Fahrt durch die Antilopenprairie über Berg und Thal, durch Furten und über Klavierbrücken, durch Muskitos fast zur Verzweiflung gebracht, langten wir endlich am Snakeriver an. Nachdem wir ihn so durchfahren, daß die Pferde zu schwimmen schienen und das Wasser bis auf die Sitze kam, fanden wir ein größeres Blockhaus, in dem ein Schweizer eine Wirtschaft hielt. 60 Personen aus der Umgegend bis zu 15 Meilen weit waren gekommen, um das Landesjubelfest zu feiern. Mädchen und Frauen zu Pferde in den hellsten Tarlatankleidern. Zelte, Ziehharmonika, Feuerwerkskörper, Gesang, Tanz und heitere Lust bis tief in die Nacht! Interessant war es, sich diese Leute aussprechen zu hören über den Grund ihrer Auswanderung, ihre Schicksale und Hoffnungen. Hier gab es keine elevated, keine Eisenbahn und Dampfmaschine. Ueber dem Fluß lagerten Indianer. Man hatte den Eindruck, einen Tag der ersten Kolonisation des Landes zu erleben; ich fand die Fahrt ungemein belehrend und genußreich.

Mittwoch, 5. Juli. Früh des Morgens frühstückten wir in demselben Zimmer mit zehn bis zwölf

Arbeitern, die die Nacht abgehalten hatte, aufzubrechen.
Wir erstaunten über die hübsche Haltung und Höflich=
keit der Leute. Um 7 Uhr wurde aufgebrochen, da
heute 57 Meilen zurückzulegen waren. Fünf Stunden
fuhren wir bis in die Mittagstunde, sahen nur ein Haus
von Weitem, mußten etwa sechs bis acht Mal durch
tiefe Furten und versanken eben so oft in kleinen
Bächen. Von Brücken war keine Rede, und die Prairie
nur dadurch zauberhaft schön, daß wir nun fast
6000 Fuß hoch stets von einem Schneegebirge rings
umgeben waren. Der Weg selbst war oft kaum er=
kennbar, und zur Hälfte so, daß unsere Polizei den
Weg als lebensgefährlich schließen würde. Man bekam
auf dem ganzen Wege so recht eine Vorstellung davon,
welche fast unüberwindlichen Schwierigkeiten die ersten
Kolonisten zu überwinden gehabt haben mußten. Endlich,
nach fünf Stunden, erreichten wir ein verstecktes Block=
haus, was statt der Fenster etwas wie Schießscharten
hatte und so umheckt war, als handele es sich hier um
einen Angriff und Verteidigung. Nach langem Rufen
erschien ein alter, sehniger Mann, der etwas schwer
hörte. Mit klugem Auge sah er unser Begehr, sprach
nicht viel und gebot uns, einzutreten. Das Glück hat
uns zu einem berühmten Trapper alten Schlages geführt.
Alles in dem Blockhaus war von seiner Hand gefertigt
und mit den Trophäen seiner Jagd geschmückt. An den
Wänden hingen sechs bis acht kolossale Elk=Köpfe und
mehrere Moos deers, Antilopen, Adler und andere
Tiere. Gewehr und Angelzeug lagen auf Häuten und
anderen Präparaten. Auf dem Tisch vor einem Wiege=
stuhl fand ich ein paar zoologische Bücher und ein paar
Bände Dumas und Montegazza. Der Mann lebte
ganz allein hier und hatte seit Wochen keine Menschen=
seele gesehen. Im Augenblick war ein alter eiserner

Ofen in Brand gesetzt und mit einer Schnelligkeit und Sicherheit, die zum Erstaunen war, eine Forelle, Eier, Elkbraten, Kaffee von ihm auf das Schmackhafteste hergestellt. Die Unterhaltung war bei seiner Taubheit ziemlich schwierig, aber hochinteressant. Seit 40 Jahren treibt er hier das Weidwerk zu seinem Lebenserwerb. Geweihe und Pelze werden im Frühjahr von einem Kaufmann bei ihm abgeholt und bezahlt. So hat er in diesem Frühjahr unter anderen 68 Bärenfelle hier aus der nächsten Umgebung abgeben können. Jeder Wink, jedes Wort von ihm war so anders wie man es heute findet, daß man im Verkehr mit diesem Manne Stoff für Romane à la Kapitän Marryat in Fülle haben müßte. Der Weg nach dem Yellowstonepark war weit, deshalb brachen wir früher auf, als wir es sonst gewollt hätten. Wir fuhren aus Idaho in den Staat Montana, blieben, ohne ein Haus oder Menschen zu sehen, vier Stunden in einem Urwald, der vor 40 Jahren bei der Vertreibung der Indianer von ihnen in Brand gesteckt war, auf einer Straße, die keine Straße war, vier Pferde 4000 Fuß in vulkanischer Lava=Asche in die Höhe treibend. Der ganze Weg befand sich bereits in der Schneeregion, es war eisig kalt, und unzählige Male mußte abgestiegen, der Wagen gestützt oder Geschirre reparirt werden. Der neue Wald war etwa 40 Jahre alt, aber zwei bis drei Wälder lagen modernd über= und durcheinander, so daß vor umstürzenden Trümmern der sogenannte Weg lebens= gefährlich, neben ihm aber zehn Schritt zu gehen, un= denkbar war. Es sah nicht mehr wie ein Wald aus, sondern als ob auf einem Riesenholzplatz vor 50, 100 oder 150 Jahren Feuer gewesen wäre. Alle Augenblick krachte es rechts und links und ließ morsche Riesen in sich zerfallen. Etwa zwei Meilen breit und zehn

Meilen lang lag dies verfaulte angebrannte Holz drei
bis vier Fuß hoch am Boden, und was darüber hoch
hinausstand, sah gespenstisch in den phantastischen Ver=
zackungen aus.

Nachdem wir den Glanz der Hauptstädte, den
Zauber der Ausstellung von Chikago und so vieles
andere Sehenswerte in Amerika gesehen hatten, wollten
wir nach dem Reiseprogramm 17 Tage dazu verwenden,
täglich etwa 40 Meilen in Prairien, den Rocky
mountains usw., das Land auch von dieser Seite kennen
zu lernen. Solche Tage aber wie heute schienen alle
Kräfte und Energie vernichten zu wollen. Wohl fünf
bis sechs Mal hatte man den ersehnten Schneegipfel
erklommen, um senkrecht in ein tiefes Thal und drüben
den nächsten Gipfel zu sehen, wo man dasselbe zu thun
hatte. Endlich, in eisiger Temperatur, sahen wir von
oben ein Dämmerlicht im Thale des Yellowstoneriver,
an ein Dutzend Stellen weiße Dämpfe aufsteigen, die
wie Fontänen erschienen und unsere letzten Kräfte
wieder beflügelten. Fast im Dunkeln durchfuhren wir
noch den Fluß, und hätten fast die Furt verfehlt —
kurz, in hoher Erregung, naß und wie gerädert, fanden
wir unweit eines halben Dutzend dampfender Geiser
ein freundliches Hotel, eine zahlreiche Gesellschaft an
der Abendtafel und neben erwärmendem Kamine ein
leidliches Bett.

Donnerstag, 6. Juli. In der Nacht war
großer Radau. Einige zwanzig Pferde biwakirten
unweit des Hotels, und bei anbrechendem Morgen sollte
sich ein Bär in unlauteren Absichten gezeigt haben.
Seine Fährte war unverkennbar; seine Absichten in der
Eile seines Rückzuges nicht mehr zu ermitteln. Jeden=
falls mußte ihm bekannt sein, daß im Bereich des
Yellowstoneriver kein Schuß abgefeuert werden darf.

Dieser Zwischenfall erleichterte uns aber den frühen
Aufbruch nach dem südlichen Teil des vulkanischen
Thales. Wohin das Auge fällt, dampft es in weißem
Wasserdampf. Arglos fährt man unmittelbar an
Löchern und Wassertümpeln vorüber, aus dem periodisch
und immer heiße Wasserstrahlen oder Dämpfe aufsteigen,
dann mehrt sich die Zahl und wächst in Größe und
Gewalt. Unterirdisches Dröhnen mahnt uns, den
finsteren Mächten nicht zu sehr zu vertrauen. Wir
würden sogar in heiliger Scheu nach einem großen
Gedanken suchen, wenn wir nicht Herrn Br. . . . . . .
aus Leipzig (wie das Fremdenbuch sagt) damit beschäftigt
sähen, allerhand Gegenstände in einen Krater zu werfen,
damit sie ihm nach kurzer Zeit mit Zinsen wieder zurück=
geworfen würden. An hundert verschiedene Krater sind
hier auf einer Strecke vereinigt, die man in $^3/_4$ Stunden
zu Fuß abgehen kann. Jeder einzelne hat sich aber
seine persönliche Eigentümlichkeit bewahrt; da giebt es
welche, die alle sieben Minuten, andere, die alle Stunden
oder alle 30 Stunden, oder alle sechs Wochen das
Schauspiel geben, heißes Wasser und Dampf in die
Luft zu senden. Irgend wo ist immer was los, und
wenn einer in Thätigkeit tritt, werden die andern etwas
bescheidener. Eine wackere Quelle aber, die jede Stunde
vier Minuten lang einen Wasserstrahl von drei Fuß im
Durchmesser etwa 150 Fuß hoch treibt, ist so brav, daß
sie den Namen Old faithfull erhalten hat. Eine andere,
die durch Ansatz von Kieselsinter sich ein burgartiges
Mundloch gebaut hat und deshalb the castle heißt,
„spielt", wie man hier sagt, alle 30 Stunden eine halbe
Stunde lang mit einem Wasserstrahl, der drei bis vier
Fuß im Durchmesser und bis 70 Fuß Höhe treibt, dann
ist noch einer, der seinen Namen „splendid" und ein
Anderer, der den „pyramid" wohl verdient. Es ist

überwältigend, diese Ausbrüche zu sehen! Sie erscheinen hier wie die Sicherheitsventile von Nord = Amerika. Würde man sie verstopfen, stände in Chikago keines der hohen Häuser mehr aufrecht. Man hat verschiedene Arten, in den Yellowstone=Park zu gelangen. Die Eisenbahnen haben ein halbes Dutzend Sommerhotels gebaut, geben Rundreisebillets aus, in denen die Wagen=beförderung und Hotel und Essen mit eingeschlossen ist. Am bequemsten ist der Eintritt von der Nordpacificbahn über Livingston und nach Besichtigung des Parks wieder dorthin zurück. Ich kam aus dem Süden, weil ich, wie der Leser weiß, den Mississippi, Kansas, Koloradosprings, Salt=Lake näher sehen wollte und nahm mit der äußerst beschwerlichen Fahrt auch den interessanten Eindruck der Prairie und des Urwaldes in den Felsengebirgen mit in den Kauf. Wir gehen auch nach dem Westen wieder zurück, um San Franzisko zu erreichen. Heute ist eisige Kälte, das Hotel liegt doppelt so hoch wie der Vesuv, und Falbs angesagter Regen thut sich hier eine Güte an. Nach dem Abendessen liefen eine Anzahl Leute nach einer bestimmten Richtung und riefen, drei Bären wären dort zu sehen. Bald hatte sich die vor=handene Gesellschaft dort eingefunden, und wir Alle sahen auf etwa 480 Schritt eine alte Bärin mit zwei Jungen sich über die Wiese trollen. Niemand fiel es ein, daß die Bären etwa gefährlich sein könnten, auch graste auf der Wiese Vieh; aber die Kutscher waren sehr ungehalten und sagten, die Bestien kämen nach dem Futterplatz der Pferde, um Hafer und Mais zu stehlen. Die alte Bärin war an Volumen doppelt so stark wie ein großer Neufundländer und sah braun aus — die Jungen waren halb so groß, dunkler, zeigten die braune Farbe aber an den Extremitäten. Sie zeigten weder Scheu noch Arglist und schienen gewohnte Gäste zu sein. Die

Fremden aber waren in nicht geringe Anfregung
geraten.

Freitag, 7. Juli. Am frühen Morgen wurde
in eisiger Kälte aufgebrochen, der Schnee, der die Nacht
gefallen, lag noch an vielen Stellen. Gestern waren
wir in South Baffin gewesen. Früh verließen wir das
Hotel der Fontänen und fuhren vier Stunden, um im
Northbassin unsern lunch zu nehmen. Der Weg führte
am Fireholefluß entlang, an dem mehrere sehr große
Biberbauten zu sehen waren, dann durchfuhren wir eine
äußerst romantische Schlucht an der Schurzwand, be=
wunderten einen herrlichen Wasserfall, fuhren dann über
ein Kraterfeld, das mit etwa dreißig bis vierzig Heiß=
wasserfontänen, einer Heulgrotte, einem Schlammbrodel=
keffel und allerhand Dampf= und Wasserkünsten uns
festzuhalten suchte. In Norris war das Hotel vor
einiger Zeit abgebrannt, aber große Zelte waren auf=
geschlagen und mit uns noch etwa 60 Personen ab=
gespeist, die von drei andern Seiten aus dem Park dort
zusammengetroffen waren. Einesteils war dies eine
Stangensche Reisegesellschaft von 22 deutschen Herren,
mit denen wir in der kurzen Zeit bekannt wurden.
Alles war in bester Laune und Zufriedenheit über die
Führung, wie auch wir vier Herren von der Weltreise
unserem Führer, Herrn L. Stangen, nur Dank sagen
konnten, uns alle Mühen, Sorgen und Unbequemlich=
keiten der Reise abgenommen zu haben. Bei der großen
Reisegesellschaft befand sich der Kommandant von Kiel
und ein junger Offizier, der mit uns die Ueberfahrt
auf der „Ems“ gemacht hatte. Andere Herren fanden
auch sonst noch Anknüpfungspunkte und Bekannte, so
daß dieser Zeltlunch uns eine angenehme Unterbrechung
war. Die Herren waren ganz in Aufregung über den
Besuch von zwei Bären in ihrem letzten Nachtquartier,

das für uns heute das Ziel war. Mitten in der Nacht hatten zwei Bären dicht am Hotel dem Fleischwagen einen Besuch abgestattet und waren nicht ohne Mühe zu verjagen gewesen. Die Einheimischen des Hotels fanden wir darüber noch sehr besorgt, da die Bären sonst sich nicht so versessen auf Fleisch gezeigt hatten. Auf dem Nachmittagswege bis zum Hotel Grand Cañon sahen wir in den Wiesen mehrere Elke stehen, die ziemlich vertraut waren. Wir traten in das Thal des Yellowstoneriver, und Alles, was wir bisher gesehen hatten, fast die Niagarafälle mit einbegriffen, wichen dem imposanten Anblick dieses Grand Cañon. In eine Felsspalte von 2000 Fuß hohen, gelb und rot, blau und weiß gefärbten Felswänden stürzte sich eine ungeheuere Wassermasse über 400 Fuß hoch in die Tiefe und bildete eine so wilde Stromschnelle, daß man wie betäubt davor stand. In jeder Höhe brodelte es im Felsen, Schwefeldämpfe wurden von allen Ecken und Kanten ausgestrahlt. Schwefel, Kalk und Kieselsinter färbten Alles in Streifen. Als die Sonne sich neigte, war der Grund dunkelblau, der obere Teil ein Regenbogen. Es war ein zauberhafter Anblick von fesselndem Reiz und großartigem Eindruck. Wir stiegen zu Pferd, um noch lange am Rand des Grand Cañon zu verweilen und glaubten, dies gesehen zu haben, sei allein schon die Reise hierher wert. An den Speisetischen hört man hier sehr viel deutsch sprechen. Das, was man aber reden hört, läßt Einem das Bedauern aufsteigen, daß diese Reisen nicht mehr von Leuten unseres Vaterlandes gemacht werden, deren Erkenntnis und Einfluß uns die Erfahrungen nutzbarer machen würden. Wenn man aber darauf verzichten müßte, daß sie wenigstens mehr Sympathie für uns erwecken möchten — dies ewige Beanspruchen, Protzen auf ein paar bezahlte

Dreier und vorschnelle laute Verurteilen, verletzt nur zu oft die Umgebung! Es ist dann nicht der Mann, der damit anstößt, sondern die Nation, die sich verhaßt macht. Bei Tisch war nur von den Bären die Rede, und wie in der Kinderfiebel meldeten sich um ¹/₂9 Uhr bei eintretender Dunkelheit ein alter und ein junger Petz etwa 400 Schritt vom Hotel auf der Wiese. Sie selbst, wie ein paar Kühe unweit davon, nahmen recht wenig Notiz voneinander, ebenso die Kutscher bei den Pferden, die sich im Essen gar nicht stören ließen. Wenn man bis auf 200 Schritt heranging, trollten sie ein Stückchen weiter. Als es dunkel wurde, stellte man einen Sack mit etwas Hafer und Mais in der Nähe auf und ging schlafen. Bei dieser Behandlung der Biester dürfte in einigen Jahren doch vielleicht der Zwang eintreten, ihrer Meister zu werden oder auf den Besuch des Yellowstoneparks zu verzichten. Die Wald=verwüstung ist auch hier so kolossal, daß man einsehen muß, daß menschliche Kräfte nicht mehr ausreichen, um da Ordnung zu schaffen. Viele Jahrhunderte alte Bäume liegen kreuz und quer übereinander, durch Fäulnis, Feuer und Sturm geworfen. Wenn man im stande wäre, dies verfaulende Holz Amerikas zu verwerten, könnte man Indien dafür kaufen.

Soeben kommt eine Depesche an, die Griechen hätten sich zur Republik erklärt, weil ihr König kein grec sei. Wenn Schliemann, Curtius und Mommsen nicht wären, hätte man schon lange nichts mehr von diesen Bieder=männern gehört! Möchte doch dies kleine Beispiel groß genug sein, uns zu behüten! Das Kraftgefühl des Un=verstandes zieht in unsichtbarer Influenz wie eine Epi=demie über die Länder. Konzessionen sind nicht das Mittel, dem Uebel zu steuern.

Des heutigen Geburtstages des Prinzen Eitel

Friedrich wurde von den Preußen hier mit den besten
Wünschen für das Königshaus gedacht. Halt fest!

Sonnabend, 8. Juli. Nachdem noch einmal
der Blick auf den Grand Cañon und den Wasserfall
geworfen war, fuhren wir in herrlichem Morgen weiter.
Bei Wasserfällen, Sturzbächen, Stromschnellen, Biberbauten im großen Maßstabe vorüber, zeigte sich überall
vulkanisches Leben in aufbrodelnden Quellen und kleinen
Fontänen, die nach faulen Eiern rochen. Höchst überraschend ist aber gleich der Loreleyan=Felsen aus Obsidian,
von dessen abgesprengten Trümmern der Weg aufge=
schüttet ist. Aus weiten Entfernungen pflegten die In=
dianer hierher zu pilgern, um am großen Mammoth
spring Opfer zu bringen und von dem Obsidianberg
das Material für ihre Pfeilspitzen zu holen. Gegen
Abend erreichten wir das große Mammoth spring-Hotel,
fanden uns aber getäuscht, weil die springs längst auf=
gehört hatten zu spielen, und nur verkalkte Terrassen in
allen Farben und Formen von der früheren Pracht
zeugten. Dies war der nördlichste Punkt unseres
Yellowstonepark = Ausfluges. Da aber doch nun mal
Alles eine Grenze haben muß, gedenken wir, denselben
Weg, den wir gekommen, bis Beaver Cañon und Ogden
zurückzukehren. Im Hotel hatte ein Maler Stuart aus
San Franzisko eine ganze Kollektion der schönsten
Farbenskizzen über Alaska und Vancouver ausgestellt,
welche an künstlerischem Wert den Hildebrandtschen sehr
nahe kamen und die Reiselust dorthin wohl anspornten,
doch mußte man sich Zwang anthun, um über das
Bessere nicht das Gute zu verlieren.

Also auf nach San Franzisko!

Sonntag, 9. Juli. Im Mammoth hot springs-
Hotel hatten wir wieder einmal Negerbedienung, die, je
näher man dem Westen kommt, seltener wird. Der

Unterschied zwischen dem Osten und Westen ist fast eben
so groß, wie von New-York zum Süden. Der Mann
von New-York, namentlich aber von Boston, wird wie
eine Art Aristokratie angesehen in ererbtem Recht, fester
Basis, Vorsicht und gewisser Abgeschlossenheit: der
Süden ist leidenschaftlich, Hang zur Unabhängigkeit und
schrankenlosen Willkür, der Westen ist die Fülle der
Naturprodukte, der sich bei den sich regelnden Verkehrs-
und Handelsverhältnissen in vielen Sachen mächtiger
als der Osten zeigt. Der Westen fühlt seine Kraft
und sucht seine Rechte gegen New-York dadurch zu
befestigen, daß er gegen New-York Chikago erwachsen
läßt. Hier im Westen ist der Mann aus New-York
nicht zu gebrauchen, er ist zu pedantisch, zu ernst, zu
vorsichtig, er kennt noch Rücksichten. Selbst das Pferd
des Ostens hat hier keine Leistungsfähigkeit. Das hier
gezogene Pferd ist eine andere Rasse, kräftig, feurig,
edel, unermüdlich, hart und genügsam. Tiere und
Menschen aus dem Osten widerstehen hier nicht dem
Klima und den Arbeitsanforderungen. Hier ist Alles
heiterer, leichter, umstandsloser, schneller, und ein Ziel,
was nicht sofort zu erreichen, ist eben kein Ziel. Alles
geschieht hier mit Hochdruck, Dampf, Schnelligkeit und
Kraft. Von Denen die dabei verloren gehen, weiß man
nichts mehr, aber Die, die da sind, werden reich —
leben und lassen leben. Der Mann aus dem Osten
erscheint ihnen als ein Philister, der seinen Reichtum
nicht verdient. Der Westen sieht sich für die neue Zeit,
die neue Kraft an. Der Mississippi ist die Scheide-
grenze, Chikago die Spitze des Dreiecks. Es wird noch
viel Wasser in den Mississippi laufen, bis eine Abklärung
des Schaumes von Recht und Macht eintritt; die
natürlichen Lebensbedingungen müssen zuletzt doch siegen.

Vorgestern ist in Minnesota durch einen heftigen

Tornado wieder viel Unglück geschehen. Drei Ort=
schaften sind absolut vernichtet, über 100 Menschen
getötet. Heute wurden 43 Meilen von den Mammoth
hot springs bis zum Fontaine=Hotel von Norden nach
Süden zurückgelegt. Wir befanden uns in 7000 Fuß
Höhe, die Hitze war aber fast lähmend. Elkhirsche in
großer Zahl zeigten sich und gingen kaum dem Wagen
aus dem Weg. Am Abend zwischen acht und neun
gingen etwa zwanzig Personen nach der Wiese, um
Bären zu sehen; da aber Kinder jubelten und ältere
Leute lachten und riefen, kehrten sie diesmal ohne
Bären heim. Eine Kompagnie hat fünf Hotels im
Yellowstonepark gebaut, jedes für etwa 200 Betten,
mit guter Verpflegung und Bedienung. Alles ohne Aus=
nahme wird auf Wagen hineingeschafft, Straßen werden
gebaut, und offene Omnibusse mit vier Pferden bringen
die Touristen in zehn Tagen täglich an die schönsten
Punkte von großartigen Felsenpartien, Schluchten, Wasser=
fällen, und überall haftet das Auge an Kratern, Geisern,
Wasser= und Dampffontänen. Es ist ein Brausen,
Brodeln und Spritzen, Kochen und Wallen, als ob bis
zum Abend Alles zu Grunde gehen müßte, und viel=
leicht ist das auch noch mal der Fall! Ich möchte das
hier aber nicht abwarten. Wir verlassen daher morgen
früh den Yellowstonepark, gehen über den 5000 Fuß
hohen Gebirgskamm in den uns schon bekannten Prairie=
pfad nach Beaver Cañon. Es wird ein Weg zum
Verzagen sein — aber getrost vorwärts! weiter nach
Westen!

Montag, 10. Juli. Noch einmal wurde zu den
Geisern gezogen, noch einmal schweifte der Blick durch
das Zauberthal des Yellowstoneriver, noch einmal durch=
fuhren wir bis über die Achsen den Fireholefluß, über=
stiegen einen Bergkamm nach dem andern. 7000 Fuß

hoch hatte das Fontainehotel gelegen, mit 3000 Fuß höher begleitete uns der Schnee, und trotzdem war es über 20° Reaumur und es steigerte sich bis 30 in der Ebene. Bei dem Militärposten hatten wir den National= park verlassen und waren in Montana eingetreten. Die Vorberge waren steil und oft derart, daß unser leichter Wagen mit vier Pferden über Abgründen zu schweben schien. Wir begegneten einer seltsamen Ex= pedition von fünf Goldsuchern zu Pferde, mit allerhand Minenwerkzeugen beladen, so daß die Tiere kaum von der Stelle konnten. Die Kerle sahen verzweifelt und verwegen aus. Sie wollten neben dem Obsidianfelsen ihr Heil versuchen. Unten in der Prairie stand eine Karawane von neuen Kolonisten, mit 24 Personen und vier Planwagen, Vieh und Reitern, die ihr gekauftes Land nicht finden konnten und sich nicht durch die Snakeriver=Furt hindurch wagten. Bei der letzten Furt war Alles durchnäßt, Vieles zerbrochen, zwei Kinder fast ertrunken. Die Weiber weinten, die Männer schimpften auf das freie Amerika; die Leute waren aus der Gegend von Adelnau und sprachen halb polnisch, halb deutsch. Ihr Spektakel scheuchte ganz in der Nähe zwei gabelhörnige Antilopen auf, die sehr scheu und erschreckt das Weite suchten. Mit kleinem Umweg sprachen wir wieder bei unserem Trapper Harry Develle im Rosmogne Rancho — Madison Basin in Montana (Post: lake Idaho) — vor. Ich gebe hier seine volle Adresse, weil vielleicht mancher Jagdfreund sie gebrauchen dürfte. Der Mann besitzt in St. Paul an der North Pacific durch Erbschaft ein Hotel und eine halbe Million Dollars, hat diese aber an Verwandte übertragen, mit der Bedingung, ihn in Ruhe zu lassen. Sein Rancho besteht aus 900 Morgen Land und seinem Blockhaus. Er lebt ganz allein, nur im Winter kommt zuweilen ein alter Trapper hin, um mit ihm zu jagen. Im letzten Jahr hat er 114 Elkhirsche abgeschossen und zehn Stück lebend gefangen. Der Fangapparat ist merkwürdig einfach. Ein Lasso wird fest in den Boden verpflöckt — daneben ein leichter Pfosten, etwa sechs Fuß hoch, eingerammt und die Lassoschleife oben aufgelegt. Am Fuß des Pfostens auf dem Schnee lockt etwas Heu das Wildpret an, und wenn durch sein Scheuern der Lasso dem Hirsch auf das Geweih fällt, fliegt auf Schneeschuhen der Jäger aus dem nahen Versteck, deckt und fesselt ihn mit Netzen. In Blitzesgeschwindigkeit bereitete der Trapper uns ein sehr gutes Mahl, von unserem mitgebrachten Wein aber wollte er nichts wissen. Der Rancho ist ihm 5000 Dollars wert. Wer aber nicht muskitogefeit ist, lasse die Hände davon! Unser heutiges Ziel nach 56 englischen Meilen war der Snake-Rancho, und obgleich sich der River so schlangenartig wie möglich darum wand, bin ich der Ueberzeugung, daß er besser der Schnaken = Rancho heißen müßte, denn trotz Muskitoschleier war weder an Essen noch Schlafen zu denken, die Arme stets in Windmühlenflügelbewegung.

Dienstag, 11. Juli. Heute geht es 43 Meilen nach Beaver Cañon zur Eisenbahn zurück. In den letzten acht Tagen haben wir im offenen Wagen mit denselben vier Pferden eine Entfernung zurückgelegt, wie von Berlin bis Königsberg, haben dabei aus der 30° Reaumur heißen Prairie und der Schneegrenze Kämme von 8000 Fuß überstiegen, das ganze vulkanisch thätige Yellowstonethal besucht, Naturwunder und großartige Schönheiten gesehen, die in der Welt nicht ihres Gleichen suchen und haben auf dieser Wagenfahrt durchs Land manche Eindrücke gewonnen, denen man im Pullmann=Car doch weniger zugänglich

ift. Trotzdem jehnten wir uns danach, da die Ent=
behrungen und Strapazen doch über das Maß des
Vergnügens hinausgegangen waren. Wir jelbft fingen
jchon an, etwas verwildert auszujehen und Schneider,
Schuhmacher, Frijeur, Sattler, Wäjcher, Hutmacher
mußten in San Franzisko in Thätigkeit gejetzt werden
die letzten Wochen vergejjen zu machen und uns für,
den ebenjo jatiganten Ausflug ins Yosemitethal aus=
zurüften.

Nunmehr bald zwei Monate unterwegs, haben wir
in täglich jich jteigerndem Reiz der Neuheit jo viel
Frembartiges, Großartiges, Eigentümliches zu jehen
bekommen, daß Zeit und Koften zu dem Genuß und
Wert der Eindrücke gar keine Rolle jpielen. In An=
betracht unjerer jozialen Verhältnijje kann es nur von
Vorteil jein, neben den Büchern von Fachjchriftjtellern
auch mal unbefangene perjönliche Eindrücke kennen zu
lernen, und das ift der Grund, daß ich für meine
Freunde und Bekannte täglich ungejchminkt das nieder=
gejchrieben habe, was ich jah. Sollten jich unter meinen
Gönnern jo kluge Leute befinden, denen ich nicht genug
dabei gedacht habe, jo bitte ich, mich freundjchaftlich zu
unterftützen, jelbft hierher zu gehen und das Fehlende
nachzutragen. Ich wäre nicht nach Amerika gegangen,
wenn mich die Ausftellung von Chikago nicht dazu mit
bewogen hätte, und Jeder, der eine andere Zeit wählt,
wird doppelten Schwierigkeiten der richtigen Erkenntnis
des Landes gegenüberftehen. Ich habe mehr dadurch
gewonnen, als ich jelbft es vorausgejetzt hatte und bin
jehr zufrieden, mich zu diejem Ausflug entjchlojjen zu
haben, da ich unter anderen Umftänden bei meinem=
hohen Alter kaum Gelegenheit gehabt hätte, jo vor
breitet jo viel Schönes und jo viel Anderes zu jehen,
als wir es zu Hauje gewöhnt jind. Es ift mir nun

auch ganz recht, daß die Zeit ihrem Ende naht, wo man sich selbst abbürstet und seine Reisetasche selbst trägt — wo man sich ungewohnten Hotel-Hausordnungen blindlings fügen muß, wo Einem um zwölf, wenn man schreibt oder liest, die elektrische Beleuchtung vor der Nase ausgemacht wird, wo man sich von Eiswasser ernähren muß, nie ein genießbares Stück Fleisch oder eine eßbare Kartoffel oder Gemüse zu sehen bekommt, wo man bei dem ersten Bissen von Schinken das Schwein im Geiste schreien hört und den ganzen Tag die Rauch=fleischfasern nicht los werden kann, wo man im Osten des Landes durch eine Gattung von Negern bedient wird, die Einen bald zu der Ueberzeugung bringen, daß sie doch noch nicht in die menschliche Gesellschaft gehören.

Ich verlasse gern ein Land, wo eine wirkliche Dame in den so sehr gerühmten amerikanischen Ver=kehrsmitteln in jedem Augenblick in Verlegenheit geraten muß und kann nicht begreifen, ob es durchaus richtig ist, daß der unerzogene Kellner, Hausdiener, Knecht in Hemdsärmeln mit ausgezogenen Stiefeln, die Beine in der Luft, neben einer Dame im Palace luxus Car sitzen soll, um in allen Richtungen der Windrose um=herzuspucken. Es giebt Pferde, die durchgehen, weil sie im schlappen Rücken Schmerzen haben, und ein albernes Herausbeißen republikanischer Freiheit in Unmanier ist ganz dasselbe. Vielfach ist solche Pöbelei garnicht beabsichtigt und ganz unbewußt. Niemals und zu keiner Zeit habe ich einen Amerikaner unhöflich gesehen, seiner Unerzogenheit aber ist er garnicht bewußt. Auf meinen Prairiefahrten hat sich fast täglich der Knecht mit an den Tisch der Herrschaft gesetzt. Ich habe nie eine Ungezogenheit bemerkt — die allgemeine Unerzogen=heit aber drückt sich in jeder Minute aus. Der

Amerikaner nennt das Freiheit, wir aber Mangel an
Bildung. Es ist für uns das Ungewohnte, Fremde oft
unbequem und stößt uns ab, trotzdem wir unendlich
Vieles in diesem Riesenlande anstaunen müssen und
die Bewunderung und Anerkennung nicht zurückhalten
dürfen, ohne ungerecht zu sein. — — —

Der heutige Tag zeigte uns ein ziemlich bewegtes
Leben in der Prairie. Zuerst begegneten wir einem
Jungen zu Pferde, der bereits sechzig Meilen unter=
wegs war, um ihm fortgelaufene Pferde zu suchen.
Er sagte, daß Pferde solches Heimatsgefühl zeigten, daß
sie bis 200 Meilen zurückliefen, wenn sie verkauft waren.
An einer Stelle, wo wir wieder einmal bis über die
Achsen durch den Snakeriver fuhren, wurden Vor=
bereitungen getroffen, den Besitzer aus Chikago zu
erwarten, der der Forellenfischerei wegen sich hier für
acht Wochen zu etabliren beabsichtigt. Zelte, Kisten,
Blechbüchsen waren bereits angekommen. Unsere Weiter=
fahrt führt uns an einer Schafherde von 2000 Stück
vorüber, die einen Teil der 70 000 Schafe darstellten,
die ein Mr. Wood hier auf der Prairie mästet. Die
Tiere hatten sich vor einer Furt gelagert, und waren
kaum zum Aufstehen zu bewegen. Bald darauf stellten
wir dicht neben dem Wagen ein Stachelschwein, das
etwa viermal größer als das europäische war, und
außerdem reichlichen starken Stachelbesatz, einen kurzen
buschigen Schweif und eine Art Löwenmähne hatte,
die doppelt so hoch als die Stacheln war. Das Tier
zeigte wenig Furcht und sah uns mit so klugen
Augen nach, als ob es uns noch eine Menge zu
fragen hätte.

Unsern lunch nahmen wir in einem Rancho auf
dem Camas meadows bei John Ching (Poststation
Beavers Cañon — Idaho) ein, wo wir vor acht Tagen

bereits gewesen waren. Ich führe die Adresse speziell an, weil es einem meiner Freunde vielleicht von Wert ist, die Adresse dieses guten Sportsmans zu wissen, um sich lebende Wapitihirsche oder Eier von dem Sage chicken für die Jagd kommen zu lassen. John Ching hat zwei Wapitihirsche, zwei Tiere und zwei Kälber eingegattert, verlangt 100 Dollars pro Stück. Die Sage chicken=Eier müßten im April gesucht werden und sind schon öfter verschickt. Briefe müssen englisch geschrieben sein. Dies Sagehuhn ist viel stärker als der Fasan. Ich habe Hähne gesehen, die halb so groß wie unsere Puten sind. Hier müssen sie gleich nach dem Abschuß ausgenommen werden, da sonst der bittere Nachgeschmack des Sage= (sprich Sadsche) Krauts den feinen Braten verdirbt. Ein wunderbares Schauspiel hatten wir, eine Pferdeherde von 300 Stück zu sehen, die den vier Leuten gehörte, welche sie aus Oregon nach Nord=Dakota trieben, um sie das Stück zu 75 bis 100 Dollars dort zu verkaufen. Der Hauptbesitzer war ein Mann, der vor zwölf Jahren aus Hessen=Darmstadt nach Oregon ausgewandert war, sehr schlecht englisch sprach, aber das Deutsche so vergessen hatte, daß er sich kaum mit uns verständigen konnte. Die vier Reiter sahen wie alle Reiter hier sehr mexikanisch aus, mit dem breitkrämpigen Hut, der kurzen Jacke, der braun= ledernen Ueberhose und der Steigbügelkappe über den Fuß. Am Vordergriesel den Lasso, der Revolver aus der Hosentasche. Man sehe nur auf der Karte den Weg, den diese Herde zu machen hat, und man wird eine Idee davon bekommen, welche Mühe, Arbeit und Gefahren es hat, hier sein Brot zu finden. Gestern, in Montana, haben wir Elkbraten gegessen, hier in Idaho hat die Regierung verboten, bis 1897 Elke zu schießen, weil hier faft eine eben fo große Vernichtung wie unter den Büffelherden ftattgefunden hat.

Der Rückweg nach Beaver Cañon wollte fchier kein Ende nehmen. Mancher unternimmt die Partie in den Yellowftonepark, ohne eine Ahnung von der Strapazen der Reife zu haben. Die Konzeffion einer Eifenbahn ift bereits gegeben, und in einigen Jahren wird man in ein paar Stunden den Weg im dining Car durchfliegen, zu dem wir jetzt acht Tage gebraucht haben; mir war der Ausflug aber nach jeder Richtung hin fo intereffant, daß ich ihn auch nicht anders wie jetzt hätte machen mögen. Zum Schluß erhob fich noch ein recht kalter Wind, um unfern Blick noch auf den Schnee zu feffeln, der rechts und links die vultanifchen Gebilde bedeckte. Vier deutfche Meilen war das einzige, was für Stephan befonders von Intereffe gewefen wäre, ein Prairiepoft=Briefkaften. Ein fchiefer Baumftamm, der nach oben in drei Aefte ausging, nahm oben im Dreieck eine Art Holzkifte mit Einfchnitt auf, welche oben durch eiferne Bügel feftgefchloffen war. Damit von Weitem diefes Poftamt des Staates Idaho erkennbar fei, lag vor dem Baumftamm ein von der Sonne weiß gebleichter Büffelfchädel. Meine Abficht, dem Berliner Poftmufeum mit einer Photographie eine Bereicherung zu teil werden zu laffen, fcheiterte daran, daß der Apparat meines geehrten Reifegefährten Dr. Morff nicht arbeiten wollte, wie ich glaube, aus Rache für die unerhörten Püffe, die ihm die vultanifchen Wege verfetzt hatten. Beaver Cañon beftand aus vier Häufern. Es verbreitete fich das Gerücht, daß in einem Haufe eine Zeitung gehalten würde. Wir vier Welt= reifende fanden uns dort ein und lernten alle Enten auswendig, die der „Beobachter von Idaho" für nötig gefunden hatte auszuftreuen. Kaifer Wilhelm II. follte

danach schon beinahe in Chikago sein. Diese Enten
sollten unsere einzige Nahrung sein, denn eine gute,
dicke, deutsche Hausfrau hatte uns zu Ehren Zwiebeln
in zehn verschiedenen Methoden bereitet, und nur eine
Tasse Kaffee hätte uns erretten können, wenn sie nicht
aus Pirna gewesen wäre. So standen wir in Erwartung
des Pullmann-Car's, der uns wieder an den Salt Lake
führen sollte.

Mittwoch, 12. Juli. Der Tag begann mit
einem kleinen Familienereignis. Wie gewöhnlich hatte
der Zug durch allerhand gleichgültige Unregelmäßig=
keiten große Verspätung und suchte nun durch unsinniges
Fahren die verlorene Zeit wieder einzubringen, dabei
schlenkerten die langen Wagen so stark, daß eine
ziemlich starke Dame aus einem oberen Bett in den
Mittelgang heruntergeschleudert wurde. Der starke Krach
und die letzten schwachen Klagetöne machten eine schnelle
Hilfe nötig. Ganz überflüssiger Weise versicherte das
arme Opfer wiederholt, daß es eine Frau sei, und nach=
dem sämtliche Pullman-Bewohner im ersten Augenblick
der Katastrophe ohne Rücksicht auf die eigene Toilette
Alles gethan hatten, was denkbar war, das Unglück zu
mildern, stellte sich heraus, daß ein wonniger Traum
die Ursache der Verschiebung des Gleichgewichtes gewesen
war und die Folgen nur Schreck und einige blaue Flecke
blieben. In Ogden am Utah-Salzsee fanden wir unsere
durch ganz Amerika hart gemißhandelten Koffer wieder,
in denen es aussah, als ob Vandalen Alles durchein=
ander gestampft hätten. Nach einigen Stunden der
Ruhe nahm uns der South-Pacific-Chikago-Frisko-Zug
liebevoll in seinem Palace Pullmann Buffet Car auf und
führte uns gen Westen weiter. Das ist Alles nicht so
wörtlich zu nehmen, wie wir das in Europa thun.
Expreß heißt hier jeder Zug, der direkte Verbindung

ohne Umsteigen hat. Die Schnelligkeit der Fahrt aber läßt viel zu wünschen übrig. Wer die amerikanischen Fahrpläne in die Hand nimmt, wird sich überzeugen, daß die Durchschnittsgeschwindigkeit der Züge kaum 40 Kilometer in der Stunde übersteigt, also der unserer Personenzüge gleichkommt. Der Effekt ist hier nur durch die Willkür ein anderer, indem ganz beliebige Verzögerungen dann durch so unsinniges Schnellfahren wieder eingeholt werden, daß man am Tage drei bis viermal die Hoffnung aufgiebt, mit heilen Knochen das Ziel zu erreichen. Nur der Flying Chicago, ein für die Ausstellung von New-York aus eingerichteter Blitz= zug, fährt eine Kleinigkeit schneller als unser Blitzzug, der nach Hamburg geht. Die Belästigung der Reisen= den durch die Billet=Beamten, Kontrolleure, Revisoren, Schlafwagen=Neger, Jungen mit Obst, Zeitungen, Photographien, Fahrplänen, Mineralwassern, Kleider= bürsten, Staubwedeln, Fenster schließen und wieder öffnen und das unaufhörliche Hin= und Her= wandern des reisenden Publikums durch die Wagen ist unbeschreiblich peinlich; die Zusammensetzung des reisen= den Publikums aber bringt Damen täglich in die größte Verlegenheit. Alle diese für stellenlose Kellner, Pferde= knechte und Arbeiter hier idealen Zustände werden von gewissen Leuten, die mal was von Amerika gehört haben, bei uns zur Nachahmung empfohlen, sie würden aber den Komfort des Reisens gänzlich zerstören. Das Hotelwesen hier zu Lande ist, was Reinlichkeit und Ordnung anbetrifft, auch auf reisende Hausknechte einge= richtet und für solche von der größesten Vollkommenheit, für jeden Andern aber auf die Dauer Marter und Pein. Wenn man schwarze Hemden und Strümpfe trägt, sogar schwarze Taschentücher und statt der Zahnbürste nur Zahnstocher nötig hat und einen Spucknapf, ist die

Reinlichkeitsfrage auch bald gelöst. Geredet wird nicht
viel, denn der Mann ist im Munde mit seinem Kau=
tabak und die Frau mit pappkorn, d. h. dem gerösteten
Mais, hinreichend und dauernd beschäftigt. Jeder
Mensch muß eine Zeitung haben, und wenn er sie aus=
gelesen hat, läßt er sich die Haare abschneiden, setzt sich
in einen Wiegestuhl und spuckt. Die Zeitungen ent=
halten immer Sensationsnachrichten von Bankerotten,
Feuerschäden, Selbstmorden, Sittlichkeitsverbrechen von
Negern, Tornados und kindische Reklamesachen, aber
fast nie eine Silbe über Europa. Wenn mal aus=
nahmsweise eine Silbe über Hofleben, Politik oder Vor=
gänge in Europa geschrieben wird, geschieht es in
gehässiger Weise. Diese Art zu schimpfen wird hier
Patriotismus genannt und zeigt so recht deutlich, daß
hier noch Alles in den Kinderschuhen steckt. Alle Lücken
werden durch Reklame ausgefüllt. Der wahre Repräsen=
tant und für Amerika geborene Präsident wäre Barnum
gewesen, und heute ist es Palmer, der Erfinder der
Ausstellung von Chikago, des größesten Werks seit
Kolumbus. — —

Bald schwanden die blaue Spiegelfläche des von
violetten Schneebergen begrenzten Salzsees, bald die
wohnlichen, pappelumgrenzten Mormonen=Sitze — Utah
blieb hinter uns und die einförmige Steppe von Nevada
gab den Gedanken wieder Zeit und Sammlung. Kein
Tier, kein Vogel zu sehen, der Boden steril, die Luft
kalt, die Berge mit Schnee bedeckt. Trostlose An=
siedelungen begleiten die Eisenbahn bei deren Wasser=
stationen. Piutte = Indianer, schön bunt angemalt und
angezogen, sind dem Auge die einzige Zerstreuung.
Auch Chinesen und Kreuzungen von Indianern und
Negern mit Chinesen sieht man hier vielfach als Ar=
beiter. Es ist wohl nicht nötig, noch besonders hervor=

zuheben, daß nie und nirgends ein Indianer arbeitet. Indianerfrauen waschen zuweilen für Geld. Im Augen= blick, wo es ihnen ausbezahlt wird, werden die Karten aus der Tasche geholt und nicht wieder fortgelegt, bis der letzte Cent verspielt ist. Die Eisenbahn überschreitet in einer Paßhöhe von 7000 Fuß die Sierra Nevada in wildem Hochgebirgs=Charakter und reichlichem Schnee. Man kann wohl sagen, daß die Welt hier mit Brettern vernagelt ist, denn der gefahrvollen Lawinen und Schneewehen halber fährt der Zug stundenlang in Holzgalerien, die nur ab und zu den Ausblick auf die wilde Gebirgsgegend gestatten. Ich muß den Ameri= kanern hier den Vorwurf machen, daß sie diese Gelegen= heit, Alles mit Reklamen zu bemalen, versäumt haben. Weder Pears Soap noch Hoods Sassaparilla ist zu ent= decken und nach so vielen fremdartigen Eindrücken steigt wieder der Zweifel auf: ob Blooker oder van Houten den besten Kakao hat?

Die Riesenlokomotive hat redlich gearbeitet, die Kammhöhe ist überschritten, und wie im Handumdrehen ändert sich das Bild. Nevada liegt hinter uns, wir sind in Kalifornien. In Windeseile gleitet der Zug im starken Gefälle zur Ebene. In den Bergen ist natürlich dieselbe Raubwirtschaft auf Holz wie in ganz Amerika. Hier aber ist System in der Sache; ein künstliches Netz von Wasserleitungen treibt das Holz herab zu den Sägemühlen, allerhand Industrien beleben die Thäler, frohe Menschen arbeiten, lachen und scherzen an den Stationen. Am überraschendsten aber ist der schnelle Eintritt in die tropische Vegetation. Zuerst erinnert die Umgebung an das Thal von Bozen, wo das Feld, mit Mais bebaut, den Weinstock trägt, der in Guirlanden sich von Obstbaum zu Obstbaum schlingt. Die Weinrebe wird hier nicht am Stock gezogen und wenig beschnitten, vielleicht ist darin der Grund zu suchen, daß der feurige Kalifornier etwas nach Erde schmeckt. Der gesuchteste ist der Zinfandel: ein Rotwein, der am Zinfandelberg gewonnen wird. Die Häuser werden freundlicher, als wir sie irgendwo gesehen haben, in der nächsten Umgebung stehen Riesenpalmen, Bananen und Kakteen. Nun hat der Zug vollends die Ebene erreicht, und das erstaunte Auge sieht in riesigen Flächen, hier und da mit alten Eichen unterbrochen, eine landwirtschaftliche Kultur erblühen, die einen nach Mecklenburg zu versetzen scheint. Mähmaschinen, Dreschmaschinen und kunstvolle Apparate aller Art sind in Thätigkeit, Zweiggeleise führen nach jedem Gut. Ganze Züge mit Früchten und Getreide stehen überall zur Abfahrt bereit. Auf den Wiesen das herrlichste Vieh.

Ein freundliches Städtchen mit Kapitol ist Sacramento, der Sitz der Regierung von Kalifornien, trotzdem es von San Franzisko beherrscht wird. Die Sierra Nevada ist dem Auge fast verschwunden, alle Erwartung ist nach Westen gerichtet. Da tritt ein Höhenzug in südlichen Farben auf. Zuerst begleitet eine Lagune die Bahn, dann werden die Wasserflächen großartiger, Dampfboote, zahllose Segelschiffe, maritime Etablissements mehren sich. Der ganze Eisenbahnzug fährt auf eine Riesendampffähre, übersetzt einen Meerbusen, fährt dann noch ³/₄ Stunde am Ufer entlang, ohne daß es gelingt, das Ziel unserer Reise zu entdecken. Endlich steigt man in einer großen Halle aus dem Pullmann in eine Riesenferry, welche in einer halben Stunde uns in

San Franzisko

ans Ufer jetzt. Es war Donnerstag, 13. Juli. Eins
der größesten Hotels, das ich jemals gesehen, das Palast=
hotel, mit tausend Insassen und einer elektrischen Be=
leuchtung, die an orientalische Zaubernächte erinnert,
nahm uns auf. Zu alledem kam das Vorfinden von
Briefen und Zeitungen aus der Heimat, so daß dieser
Abend nach so manchen überstandenen Anstrengungen
der Zufriedenheit, der Ruhe gewidmet war, dem be=
friedigenden Rückblick und der Erinnerung.

Freitag, 14. Juli. Der Zufall hatte es so ge=
fügt, daß ich seit einer Reihe von Jahren stets den
14. Juli in Paris zugebracht hatte. Da an diesem
Tage jeder Franzose sich das Ansehen giebt,. als ob er
vor hundert Jahren den Sturm auf die Bastille mit=
gemacht hätte, ist es nicht immer ungefährlich, sich unter
unsere lieben Nachbarn zu mischen. Höchst erstaunt
war ich daher heute, hier alle Friseure wie im Fast=
nachtstaumel zu sehen. Französische Fahnen und
Militäruniformen von 1789 bis zu einer Abteilung
Zuaven beunruhigten San Franzisko mit Fanfaren,
Aufzügen, Reden und viel Absinth. Sehr richtig hatte
man zu allen Ausdrücken der Begeisterung sich ein
Spezialitätentheater gesichert und jetzt, wo es Nacht ge=
worden ist, müssen diese Gallier die Befriedigung haben,
viel Spektakel gemacht zu haben. San Franzisko liegt
auf einem Bergrücken, der die Straßen in bedeutenden
Höhenunterschieden steigen und fallen läßt; durch alle

Straßen fliegt die Kabelbahn bergauf, bergab mit be=
ängstigender Schnelligkeit, so daß das Privatfuhrwerk
mit ziemlich minderwertigen Pferden nur eine Neben=
rolle spielt. Wo das Auge Wasser erblickt, ist es die
Binnenbucht in immenser Ausdehnung, von violetten
Bergen bekränzt, wie die Bucht von Lissabon oder Rio.
Dies schöne Bild wird etwas beeinträchtigt durch einen
gewissen Dunst, der sich stets auf der Stadt lagert und
einen ziemlich kalten Wind, der von 3 Uhr bis Sonnen=
untergang einem das Mark in den Knochen gefrieren
macht. Die Stadt ist jung, viele Häuser nur zweistöckig
und manche sogar noch unverändert aus der ersten An=
siedelung her, sie thut aber Alles, um sich zu heben,
was sich in einigen Bauten ausdrückt. Das Pflaster ist
mäßig, der Asphalt zu weich. Die Magazine werden
ein Eldorado für Dienstmädchen.

Die Bevölkerung sieht ein bißchen zu stark nach
Zwischendeckern aus und verleiht der nicht allzu sauberen
Stadt kein sehr elegantes Straßenleben. Ueberraschend
sind überall die schönen Blumen und Früchte, an denen
man sich nicht genug erfreuen kann. An die erste Zeit
des Goldfiebers erinnern noch die zahlreichen Magazine
mit fertigen Kleidern, alten, wertlosen Schmucksachen,
und Bureaux zum Nachweis von Minen= und Länder=
ankauf. Die Geschäfte gehen aber so flau, daß allge=
meine Klage darüber herrscht. In den freundlicheren
Stadtteilen, wo reizende Miniatur = Holzhäuschen unter
Palmen und Blumen das retiro der besseren Gesell=
schaft bilden, war die Hälfte der Häuser to let oder zu
Kauf ausgeboten. An mehreren Stellen stand sogar
auf den Verkaufsangeboten die Bedingung, daß das
Haus in vier Wochen abgefahren sei. An zwei Stellen
fanden wir denn auch Häuser unterwegs. Auf Balken=
unterlagen und Rollen mit Ankerseilen und viel

Menschengeschrei ging die Sache langsam, aber sicher
vorwärts. San Franzisko hat große Landesmittel und
eine Verwaltung, die sich Chikago zum Vorbild genommen zu haben scheint. Man plant hier eine feste,
bleibende Industrie-Ausstellung und beginnt bereits damit, das dazu bestimmte Terrain in einen der schönsten
Parks der Welt zu verwandeln. In einem Hain von
riesigen Eucalyptus globulus entwickelt sich die ganze
Pracht der tropischen Vegetation in strotzender Fülle, in
Duft und Farben wie ein Zaubergarten. Es ist dies
zum Verwundern, da in San Franzisko immer ein
kühler, frischer Wind den Glauben an ein so üppiges
Gedeihen kaum aufrecht erhält. Auf einem hohen Berg-
kegel ist im Stil der altklassischen Arenen ein Aussichtspunkt geschaffen von großer Schönheit. Zugleich liegen
hier die Wasserbassins, welche die Stadt versorgen und
so kunstvoll in Kaskaden und Fontänen angelegt sind,
daß sie nachmittags das Ziel der lustwandelnden Städter
bilden. Den Blick auf den großen Ozean erkauft man
sich durch eine ziemlich lange Fahrt nach dem Cliff house;
der Eindruck ist aber nicht der überwältigende, den man
erwartet. Der Horizont ist, wie gesagt, durch einen gewissen Dunst sehr beeinträchtigt.

Magelhaens hatte bei seiner Umschiffung der Südspitze Amerikas gefahrvolle Stürme zu bestehen, die erst
nachließen, als er in dem großen Ozean sich gegen
Norden wendete. Er nannte daher den Ozean den
stillen, weil er es für ihn geworden war. So pacific
aber ist er nicht immer, auch heute war die Brandung
in der Flut hoch und stark genug, um den Namen ge-
recht in Zweifel zu ziehen. Drei große, kahle Felsblöcke
lagern dicht am Ufer und ziehen täglich eine Menge
Menschen nach der Terrasse des Cliffhouses, um ein
äußerst anziehendes Schauspiel mit Erstaunen zu be-

trachten. Die höhere der Felseninseln ist mit Tausen=
den von schwarzen, albatrosähnlichen, großen Wasser=
vögeln bedeckt, die im Kommen und Gehen das Auge
fesseln. Eine dieser Felseninseln, nicht größer wie ein
großer Tanzsaal und in Zacken verklüftet, etwa 25 Fuß
über der Brandung, ist stets dicht mit bis zu 200 Stück
Seelöwen und Robben bedeckt, die in Liebe und Kampf,
Grunzen und Geheul sich die Zeit vertreiben! Es waren
drei Seelöwen dabei, die, größer und stärker als der
stärkste Ochse, dort um die Herrschaft stritten. Jeder
wurde auf 1800 bis 3000 Pfund geschätzt. Stunden=
lang konnte man mit einem Opernglas auf der Terrasse
sitzen und dem Spiel dieser Tiere zusehen, und man
wurde durch immer neue Künste und Zwischenfälle
immer wieder festgehalten. Auf diesem herrlichen Punkt
hat ein Herr Sutro sich phantastisch angebaut. Die
Felsen sind natürlich schon bis oben hinauf mit Schneider=
reklamen und sonstigem Unfug bemalt. Die Rückfahrt
führte uns an dem goldenen Gate, der Befestigung der
Hafeneinfahrt, und einem militärischen Etablissement vor=
über, das sich durch Blumenpracht auszeichnete. Halb
erfroren kehrten wir heim. Im Riesen=Palasthotel ging
es hoch her. Im Lichthof war Konzert, zu dem sich
das elegante San Franzisko eingefunden hatte. Die
Leute sahen immer noch wie verkleidete Zwischendecker
aus. Die Blumenpracht aber ließ sogar die schlechte
Musik vergessen. Für den Abend hatten wir uns dem
Studium des chinesischen Viertels ergeben und uns zu
dem Zweck einen Detektiv engagirt, dessen Routine und
Sprachkenntnis uns über manche Ungelegenheit hinfort
setzte. 37 000 Chinesen wohnen in einem bestimmten
Viertel der Stadt, und wohnen und leben so chinesisch
wie in China selbst. Alle Gewerke wurden nacheinander
eingehender Prüfung unterzogen. Schuhmacher, Schneider,

Juweliere, bei der Arbeit und beim Essen inspizirt, Wohn= und Schlafräume, und Alles gesehen, was mög= lich und was nicht möglich war. In den Läden der Lebensbedürfnisse und Nahrungsmittel Alles im Detail untersucht. Gepreßte Ratten, Entengedärme, verdächtige Saucischen, getrocknete Spinnen und Würmer mit Reis zu Delikatessen werden und essen gesehen, und sogar gesehen, wie ein Chinese sich vor einem Stückchen Hammelfleisch ekelte. Sogar die Führung der kauf= männischen Bücher wurde kontrollirt. In zwei Apo= theken ein Blick in die Vorräte geworfen. Der Anferti= gung der Rezepte zugesehen, in denen Eidechsen und Schlangen eine große Rolle spielten. Zwei Tempel wurden in Andacht besucht und Opferstäbchen angezündet. So mit den besten Vorsätzen ausgerüstet, konnten wir auch der sündhaften Seite des chinesischen Lebens unsere Aufmerksamkeit zuwenden. In den paar Thee= und Blumenhäusern, sowie auch einigen Opiumspelunken Umschau gehalten. Jedes Haus machte den Eindruck einer hundert Jahre alten Pappschachtel, strotzte in Schmutz und Gestank, war von Lagerstätten und Menschen wie eine Sardinenbüchse gepreßt überfüllt. Ueberall lautlose Stille, wie es schien Zufriedenheit. — Es konnte Einem Angst befallen bei dem Gedanken, daß ein Schwefelhölzchen hier in wenigen Augenblicken entsetz= liches Unheil anrichten müßte!

Der Abend wurde im chinesischen Theater beschlossen. In einem Raum, der bei uns für 200 Sitze statthaft wäre, befanden sich 2600 Chinesen, so daß der Eintritt in den Saal geradezu eine absolute Unmöglichkeit war, Der Detektiv ließ uns durch Nebenstraßen über Hühner= leitern, durch Dachluken so kreuz und quer klettern, daß an eine Rückkehr schier nicht mehr zu denken war; da ging es an den Wohnlöchern der Schauspieler, durch die ganzen Geheimnisse der Garderoben und Requisiten, bis wir endlich den üblichen Ehrenplatz ausgezeichneter Fremder, „auf der Bühne" selbst, eingenommen hatten. Eine junge Frau hatte einen alten Mann geheiratet, und teils vor, teils hinter der Bettgardine vollzogen sich Meinungsverschiedenheiten, die mit verstellter Stimme in Fistltönen in Begleitung einer quiekenden Musik zum Ausdruck kamen. Es konnte kein Apfel zur Erde fallen, es stank wie die Pest, der dritte Teil rauchte: Alle Augenblick wurde ein brennendes Wachslichtchen auf Teppiche und Kleider geworfen. Im entscheidenden Augenblick trat der Schwiegervater auf, in einer Hand die Peitsche, in der andern den Geldsack, konnte sich aber nicht entscheiden, wozu er sich entschließen sollte. Das Publikum war außer sich vor Vergnügen, und ich atmete erst auf, als ich durch Turnkünste aller Art das chinesische Viertel hinter mir hatte.

Sonnabend, 15. Juli. Eigentlich war noch ein Ausflug nach dem Seebade Monterey projektirt. Die Anstrengungen der Expedition nach dem Yellowstone= park waren aber nicht ohne Ermüdung an den Reise= gefährten vorüber gegangen, und das unerwartet kalte Wetter in San Franzisko benahm allen Unternehmungs= geist. Man schlenderte also, ohne wesentlich Neues mehr als vorher zu sehen, durch die belebtesten Hauptstraßen in der besten Absicht, irgend etwas Nettes als Er= innerung oder Geschenk zu kaufen, aber auch das war nicht möglich, weil die Qualität der Läden ungefähr auf der Höhe des seligen Mühlendammes in Berlin sich erwies. Um vier wirklich lebendige Büffel zu sehen, die irgendwo eingegattert waren, mußte man etwa eine halbe Stunde fahren. Vielleicht wird mein Sohn einstmals tagelange Reisen machen müssen, um hier die letzten Indianer zu sehen. Von der Mißhandlung waren Kleider, Hüte,

Stiefel, Schirm wieder einigermaßen in Stand gesetzt und den Abschluß der Amerikafahrt sollte noch ein Ausflug ins Yosemitevalley für die Dauer von sieben Tagen bilden.

Das große Gepäck blieb im Palasthotel zurück, und um 4 Uhr fuhren wir mit der großen Ferry über die von Weltschiffen reichbelebte innere Bucht, wendeten uns dann nach Süden und wurden um 10 Uhr auf irgend einer kleinen Station auf einen Seitenstrang geschoben, schliefen bis an den frühen Morgen, setzten uns zu elf Personen in einen Wagen mit vier Pferden und fuhren Sonntag, 16. Juli, von 7 Uhr früh bis 7 Uhr abends. Hätten wir von dieser Fahrt eine Vorahnung gehabt, so würde sich wohl kaum Jemand dazu entschlossen haben, selbst wenn der Weg direkt ins Paradies geführt hätte. Es waren etwa 28° Reaumur, der ganze Weg zollhoch mit Staub bedeckt, der, in Bewegung versetzt, fast keinen Augenblick die Vorderpferde erkennen ließ. Man konnte kaum atmen. Das war aber das geringste der Uebel. Der Weg war eine Kette von losen Steinen und Löchern, stieg steil auf, um jedesmal wieder steil abzufallen, die Pferde zu schwach, die Sitze im Wagen aber genau, als ob man sich wie die Kanonire auf einem Geschütz befand, das querfeldein jagt. Nichts blieb am Körper mehr ganz, Alles flog aus den Taschen, und die Arme erlahmten beim Festhalten an Eisen= stangen und Lehnen bis zur Erschöpfung. Solche Expe= dirung ist ein wahrer Skandal für ganz Amerika! 50 Meilen wurde man mit vier= bis fünfmal Umspann zwölf Stunden am lebendigen Leibe geschunden, bis man in einem hübschen Thal in nettem Hotel in Wawona stundenlang mit Säuberung zu thun hatte, um bei einem belebenden Fläschchen Sekt zu erfahren, daß es den andern Morgen gegen 6 Uhr früh in derselben Weise weiter gehen sollte — uff!

Die Fahrt selbst hatte uns aber durch die Vor=berge der Sierra Nevada in eine Hochgebirgslandschaft geführt, die an Großheit der Anlage nichts zu wünschen übrig ließ; befand man sich oben in der Paßhöhe, so sah man ganz im Kordilleren=Charakter immer drei bis vier weitere Paßhöhen vor sich, mit eben so viel tief eingeschnittenen Parallelthälern dazwischen. Mit jedem neuen Uebersteig aber ging die Vegetation mehr und mehr ins Tropische über, und der Baumwuchs zeigte eine Kraft und Stärke, die wohl in der ganzen Welt kaum ihresgleichen hat. Der ganze Wald nahm eine Höhe von 100 bis 200 Fuß an, und viele, sehr viele Bäume hatten unten eine Stärke von zwei bis drei Metern.

Es war hier kein Waldbrand gewesen, aber von den größeren Bäumen in der Nähe der Straße waren nur wenige, die nicht im Uebermut und Unklugheit von den Straßenarbeitern unten abgeschält und angebrannt waren. Nirgends aber hatte der Brand sich weiter ver=breiten können, weil die saftige Unterholz=Flora oft das Feuer wieder erstickt hatte. Ganze Flächen waren mit der wilden, einfachen, weißen Azalie geschmückt. Unter 200 Fuß hohen Lärchenbäumen standen und rankten sich Pflanzen in voller Blüte, die bei uns nur in Warm=häusern zu finden sind, und alle Augenblicke hätte man den Marterwagen verlassen mögen, um Pflanzen und Blumen zu sammeln. Unter den großen Kiefern lagen Tannenzapfen von mehr als Armesstärke und reichlich einen Fuß lang. In einer kleinen Umspannstation waren zu Kauf ausgestellte Kiefernborte von mehr als einen Fuß Dicke, Riesentannenzapfen und Holzproben aller Art. Jedes Museum würde gern solche Proben

besitzen. Der Koffer eines Weltreisenden hat aber auch
seine Prüfungsstunden. Felle vom Grizzlybär waren
regelmäßig an den wenigen Wohnstätten der Gegend zu
sehen. Seit April war hier kein Tropfen Regen gefallen,
auch in Betracht des Staubes war es ein wohlthuendes
Gefühl, es die Nacht plätschern zu hören.

Montag, 17. Juli. Die Plätscherei stellte sich
am Morgen unter 26° Reaumur als Springbrunnen
dar. Das ganze Firmament war eine Staubsäule, wir
um 6 Uhr auf der Protze, und fröhlich ging es weiter.
Wahrscheinlich um die Aussicht nicht zu beeinträchtigen,
hatte man dem Wagen das schützende Dach noch abge=
nommen, und wie gestern ging es im dicksten Staub
erst 1700 Meter über einen Paß nach dem eigentlichen

Yosemitevalley.

Die Umgebung nahm immer mehr den Hochgebirgs=
Charakter an, aber den der Kordilleren. Die Bäume
wuchsen an Umfang und Höhe. Sie waren bei 150
bis 200 Fuß schlank wie die Mastbäume und strotzten
oben in saftigstem Grün. Daß sie unten angebrannt
waren, ist wohl eine Sache, die ich nicht erst besonders
zu erwähnen brauche. Der ganze Wald duftete von
Blumen; Azaleen und Rhododendron bedeckten große
Flächen, Sträucher mit gelben, andere mit roten,
großen Dolden, Teppiche blauer Blumen fesselten bald
hier bald da das Auge. Fußlange Tannenzapfen lagen

umher. Wir befanden uns 6000 Fuß über der Thal=
sohle, in Schlangenlinien flog das Martergefährt, den
dicksten Staub aufwühlend und alle zwanzig Schritt
Alles in Schmerz zusammenschüttelnd, dem Thale zu.
Am Inspiration=Point hatte man das erste Mal das
ganze Thal vor sich, etwa ³/₄ deutsche Meilen lang, ¹/₈
breit, steil von 3—4000 senkrechten, grauen Felswänden
eingeschlossen. Einige Wasserfälle, von denen der längste
1500 Fuß, belebten die starren Massen. Die hohen
Gipfel trugen noch Schnee, unten im Thal um den
rauschenden Gebirgsbach die üppigste Vegetation; der
ganze Kessel aber in einem magischen, blau=grauen,
glühenden Licht. Ein Anblick zum Erstaunen und
Schweigen. Die Einförmigkeit unserer Wegeseufzer war
heute in ein neues Stadium dadurch getreten, daß sich
für heute charmante Russen in unserm Wagen befanden.
Eine sehr originelle nette Madame M. gab ihren Ein=
drücken den ungeschminktesten Ausdruck, seufzte im
Staub, schrie bei den Wagenstößen, sagte, in Rußland
hätten sie auch viel Bäume, die Gebirge in Amerika
wären nicht halb so schön wie die Schweiz. Es wäre
ihr ganz gleich, wie hoch die Berge wären, wenn sie sie
eine Weile angesehen hätte, würden sie ganz klein, und
in der Krim hätten sie auch einen Wasserfall. Es wäre
eine Nichtswürdigkeit von den Amerikanern, Leute unter
solchen Unbilden hierher zu locken, und sie würde nie
mehr wieder herkommen. In Allem traf sie das Rechte,
aber sie konnte nicht verhindern, daß von einem Dutzend
Lustreisender nachmittags noch eine Menge hohe Punkte
bestiegen wurden, doch hatte ihre Wahrheitsliebe Manchem
den Gedanken nahegelegt, daß die Anstrengungen größer
seien, als erworbener Genuß. Wie ein gemeinsames
Mißgeschick immer der beste Kitt für Zusammengewürfelte
ist, ging es heute Abend im Hotel sehr lebhaft zu. Wo

nur der Verdacht eines Talentes möglich war, wurde so lange gepreßt, bis Saitenspiel und Lieder durch die Hallen klangen, und noch spät tönte es durch die Nacht: „Es war ein Traum".

Dienstag, 18. Juli. Mit Tagesgrauen wurden wir nach dem Spiegelsee geschubbst, weil nur vor acht Uhr früh diese Spiegelung stattfindet. Sie war allerdings überraschend, und trotzdem meine verehrten Reisegefährten immer noch neue schöne Punkte von 2= bis 3000 Fuß Höhe zu beklettern hatten, gönnte ich mir einen Ruhetag, der um so nötiger war, da die Sonne von oben in den Penaldeckel von Thal eine Hitze von 33° Reaumur kochte. Unser Manager, Herr Louis Stangen, hat es auf der ganzen Reise auf das Zuvorkommendste verstanden, uns jedwede Unbequemlichkeit zu beseitigen, und sei ihm dafür hier nicht allein Dank ausgesprochen, sondern auch überhaupt diese Art zu reisen auf das Wärmste empfohlen. Man macht sich gar keine Vorstellung davon, wie lästig die Selbstbesorgung von Eisenbahnbillets, Schlafwagenbillets, Bagageexpedirungen, Wagenbesorgungen, Hotelzimmer-Abrechnungen und das Achten auf die Zeit, das Herumschubbsen zwischen Amerikanern vor Schaltern, und täglich tausend andere Sachen, auf die Dauer wird. Findet man jedoch Alles fix und fertig, hat weder nötig, sich neue sorgende Gedanken zu machen, noch das Portemonnaie selbst zu einem Trinkgeld in die Hand zu nehmen, so hat man nur die Annehmlichkeiten der Reise und keine Beschwerden davon. Ich will nicht behaupten, daß ich gern ein Mitglied großer Gesellschaftsreisen sein möchte, doch kann ich mich glücklich schätzen, unter den vier bis fünf Mitgliedern, die sich zu dieser Weltreise zusammengefunden haben, so liebenswürdige Standesgenossen angetroffen zu haben, mit denen es ein wahres Vergnügen ist, so lange Zeit zusammen zu sein.

In wenigen Tagen wird der Trip in Amerika abgeschlossen. Das Dampfboot „Peru" liegt schon im Hafen von San Franzisko, um uns am 22. in etwa dreiwöchentlicher Fahrt über den großen Ocean nach Yokohama zu bringen. Ein Hauptabschnitt meiner Reise ist damit eingetreten. Wer sich über Amerika unterrichten will, wird eine Bibliothek von guten Büchern finden. Vor allen Schriftstellern empfehle ich v. Hesse-Wartegg und seine sämtlichen Bücher über Amerika. Wer den Entschluß faßt, das Land zu durchreisen, findet im Bädecker das Nötige — mein Tagebuch hat weder den Zweck der Belehrung, noch der Erschöpfung irgend einer Materie, sondern nur meinem Gedächtnisse nachzuhelfen und meinen freundlich gesinnten Bekannten meine ersten direkten Eindrücke wiederzugeben, die so viel Neues und Fremdes auf mich persönlich gemacht haben. Diese Notizen sind so flüchtig, meist im Eisenbahnwagen sofort hingeschrieben, und dann auch kaum weiter revidirt. Ich bitte also, dieselben nur als eine Aufmerksamkeit zu betrachten, die ich dem Leser weihen möchte. Es steht Uebles und Gutes in diesen Blättern; Manches findet sich doch vielleicht darin, das zutreffend sein dürfte. In Europa herrscht große Unkenntnis über die inneren Verhältnisse Amerikas. Erstens geht meiner Ansicht nach Amerika schnell einem großen finanziellen Krach entgegen, der die inneren Verhältnisse in mancher Hinsicht verschieben wird, und wir überschätzen die Macht des Einflusses von Amerika auf unsere europäischen Verhältnisse; aber immerhin wird hier mit so gewaltigen Zahlen gerechnet, daß in Menschenaltern der heut von uns nicht empfundene Druck doch zur Wahrheit werden könnte. Daher ist es gut, sich bei Zeiten mindestens mit den fremdartigen Verhältnissen vertraut zu machen. Es handelt sich hier um die Auswandererfrage und unsere Schutzzölle. Beide Sachen sind nicht mit Phrasen zu erledigen, und prüfende Sachverständige werden ihr ganzes Wissen und Können daran setzen müssen, um zu ergründen, wo Hilfe zu finden ist. Jetzt wo in ganz Europa über Futtermangel und Mißernte geklagt wird, liegt das Getreide in Bergen in Kalifornien und den südlichen Provinzen auf den Feldern. Es giebt weder genug Säcke, noch Tonnen, noch Kisten, um es zu bergen. Alle Bahnhöfe sind überlastet mit Naturalien, doch fehlen die Mittel, sie weiter zu schaffen. Augenblicklich befinde ich mich im Bereich der Riesenbäume und da ist es kaum am Platz, sich nachteilig über das amerikanische Holz auszusprechen. Amerika ist vor Allem erst ein Kirchhof toter Bäume. Man sieht, sowie man das Auge aufmacht, überall hier bis fünf Jahrhunderte halb angebrannter Bäume übereinander liegen und faulen. Die amerikanische Kiefer ist nichts Anderes wert. Ein Stamm von 50 Fuß Höhe dreht sich vier- bis fünfmal um sich selbst und Bretter, die aus ihm gesägt sind, zerschellen in vier bis fünf Stücke, wenn man sie auf die Erde wirft. Die meisten Bäume, die noch oben grün sind, haben im Innern einen Röhrengang von Fäulnis. Das Holz ist trocken wie Zunder und brennt wie Zunder. Natürlich schließt das nicht aus, daß es namentlich hier in Kalifornien, Arizona, Neu = Mexiko herrliche Koniferen giebt, die ja auch die schönsten Schmuckbäume unserer Parks sind, und daß es Farbhölzer für die Kunsttischlerei und den unvergleichlichen Hickory=Nußbaum giebt. Diese Gattungen aber werden wir immer von hier beziehen müssen, da das südliche Klima sie geschaffen hat und ihr Gedeihen bedingt.

Sollte die bei uns so viel bekrittelte Art, amerikanische Häuser zu bauen, wirklich solche Verhöhnung verdienen? Wie mancher Gutsherr, der vielleicht es durchaus nötig hatte zu bauen, hat seine Familien auf ein Menschen= alter hinaus ruinirt, indem er massive Pracht = Gehöfte von Stallungen und Scheunen erbaut, die in ihrer Solidität Vermögen verschlangen. Sollte es sich nicht lieber empfehlen, in Eisenkonstruktion und Holzverkleidung vorzugehen? Hier existirt fast kein Haus ohne Motor, der Wasser schöpft, Windflügel zur Abkühlung bewegt und selbst Arbeiten bis in die Küche hinein besorgt, Eis macht, Zucker schlägt, rollt, stampft, sägt. Südlich von hier beginnt eine nahezu äquatoriale Vegetation; von den Kalifornischen Früchten aus los Angelos bekam man schon auf der Ausstellung von Chikago einen Begriff, überraschend aber ist es doch für uns, das mit eigenem Auge hier blühen und sprießen zu sehen. In Diego befindet sich eine aus der Kapstadt künstlich hier übertragene Straußenzucht, die es schon zu solchen Resultaten gebracht hat, daß die Straußenfeder= einfuhr fast ganz aufgehört hat, die Zucht aber sehr lohnend geworden ist.

Mittwoch, 19. Juli. Heute ist es mit dem Ruhetag vorüber, denn es geht nach Wawona zurück; 5000 Fuß, die wir vorgestern fröhlich in Schlangen= linien herabtrabten, müssen heute bei 33° Reaumur in keuchendem Schritt erklommen werden. Alle Teile meines Körpers empfinden vor dem Wagen schon eine instinktive Abscheu. Der Kopf mit Tüchern bedeckt, Gesicht und Hände mit Schleiern vor den Muskitos, eine Apollinaris im Schoß und nun „get up" so acht bis neun Stunden. Hah, welche Lust gewährt das Reisen! Auf den Höhen angekommen aber ist der Blick in das Yosemitevalley überwältigend großartig! Der

1500 Fuß hohe Wasserfall stürzt in das glühende Thal, oben ist der Kranz von Bergriesen mit Schnee bedeckt, der der Sonne zu trotzen scheint. Dann giebt ein Urwald von Riesenbäumen kühlenden Schatten und ein Teppich von Blumen berauschenden Duft. Get up — get up! ruft der Driver, und soviel man fragt, wie lange ist es noch nach Wawona, so sagt er immer: noch 3½ Stunden — uff! Die Hitze ist so, daß kaum Einer noch irgend was an hat — Alles Eisenzeug am Marterwagen ist glühend — noch 3½ Stunden — get up! Niemand wird es bedauern, in Yosemitevalley gewesen zu sein, wer aber die Anstrengungen kennt, die damit verbunden sind es zu erreichen, wird den Plan aufgeben. In Verfolgung eines Indianerstammes auf dem Kriegspfad im Jahre 1851 geriet eine kleine Abteilung Soldaten in dieses Thal. Die Schilderungen der Naturwunder lockten Neugierige und später auch Jäger hierher, und die Beschwerlichkeit der Wege und Ersteigung hat heute noch den Anstrengungen der Touristen hier im Thal ein Ziel gesetzt, wogegen die militärischen Patrouillen und die Pelztrapper in überschwänglicher Begeisterung von der Großartigkeit der Hochgebirgsnatur, den Riesenwasserfällen, Schneebergen und Gletschern zu erzählen wissen, welche im Norden des Yosemitethales für die Welt noch unerforscht liegen sollen. Ein alter Trapper, den ich aufsuchte, bestätigte diese Gerüchte im vollsten Maß. Zwei frische Bärenfelle, ein Luchs, ein Kerabau und zwei Tigerkatzen bekundeten seine Geschicklichkeit. Seine Holzhütte war mit Jagdtrophäen aller Art angefüllt. Er lud mich ein, in jenen Gletscherregionen mit ihm auf den Grizzlybär zu jagen und bot mir den Winchesterrepetirstutzen dazu an, den ihm sein Pelzhändler vor einigen Wochen zum Ehrengeschenk gemacht hatte. Oft, wenn er erzählte,

glaubte man Cooper zu lesen, für alle Romantik ist
aber heute keine Zeit mehr. Es geht Vorwärts, Vor=
wärts und in der Jagd nach dem Glück giebt's kein
Verweilen! An besonderen Zwischenfällen war unsere
heutige Fahrt nach Wawona nicht reich. Eine Wild=
katze bäumte unweit des Weges, und in ziemlicher Ent=
fernung verfolgte das Auge mit Besorgnis einen sehr
großen Waldbrand. Heiliger Florian, beschütz mein
Haus, zünd' andre an! Nachdem man uns versichert
hatte, daß der Wind das Feuer nicht direkt auf uns
trieb, machten wir getrosten Mutes wieder den täglich
vergeblichen Versuch, das amerikanische Büffelleder mit
stumpfen, versilberten Messern zu zerkleinern, dankten
für das wässerige Rübengemüse, aßen den labbrigen
Bananen=pie und ice cream, tranken unerhörte Massen
ice=Wasser und träumten wie Kinder, man jagte im
Galopp über Stock und Stein an 5000 Fuß hohen
steilen Abgründen mit uns umher. In der ganzen
Gesellschaft befanden sich nur noch zwei Uhren, die
überhaupt gingen, und mit amerikanischer Grausamkeit
wurde man schon früh 5 Uhr geweckt.

Donnerstag, 20. Juli. Heute sollte der
Wagenrackerei noch die Krone aufgesetzt werden, denn
wir hatten 14 Stunden zu fahren, um das Gebiet der
Riesenbäume zu durchkreuzen und dann noch eine
Eisenbahn zu erreichen, die uns nach San Franzisko
zurückbringen sollte. Was gab es dort nicht noch Alles
zu thun! Die recht anstrengende Partie hatte uns Alle
recht verwildert und anstandshalber mußte man sich
wieder etwas salonmäßig herstellen. Jeder von uns
war in einem Zustand, daß wir die Absicht hatten, auf
der „Peru" eine Woche im Bade zu bleiben und zwei
Wochen überhaupt mal wieder zu schlafen. Wir hatten
nun genug von Amerika und den Amerikanern gesehen

und waren vollständig befriedigt. Wenn wir zurück=
kehren, und unvorsichtigerweise irgend wem erzählen
sollten, wir hätten dies und das dort gesehen, so wird
es ja nicht ausbleiben, daß kundige Thebaner sagen
werden: Aber wie konnten sie nicht auch zugleich Kanada
oder Mexiko sehen, Sie waren ja fast schon da? Nun,
es muß für Andere auch was übrig bleiben! Wir hatten
damit nun einmal genug. Außer dem Zauber, etwas
das erste Mal zu sehen, liegt der Vorteil solcher Reisen
hauptsächlich darin, daß man in Vorarbeiten und
späterer Lektüre in dieser Materie die belebenden Vor=
bilder und persönlichen Eindrücke als Anhalt hat und
so der Sache stärkeres Interesse abgewinnt. Wäre heute
ein direkter Luftballon nach Berlin abgegangen, ich
glaube, wir wären alle Vier hineingestiegen. So aber
sagte man sich, daß es nun fast gleich sei, ob man nach
Osten oder Westen zur Heimat zurückkehre, und daß uns
auf dem Weg nach Westen doch noch so mancher fremd=
artige Eindruck bevorstehe — also besten Gruß und nach
Westen weiter! Um 6 Uhr ging es los. Die Hitze war
bald wieder bis zum Unerträglichen gesteigert, an
1500 Fuß stiegen wir, bis wir die Höhe von 6000 Fuß
erreicht hatten. Auch hier minderte sich die Hitze nicht ab,
und im Gegensatz zu solchen Höhen in Europa zeigte
sich die Vegetation frisch, kräftig und durch die blühen=
den Azaleen fast tropisch. Wir hatten nunmehr das
Gebiet der Big Trees erreicht. Die eigentümliche Er=
scheinung, gruppenweise so alte große Bäume zu finden,
zeigt sich im Westen Amerikas an drei bis vier Stellen.
Hier bei Wawona zeichnen sich die Bäume durch großen
Umfang aus, d. h. einen Umfang bis zu 29 Metern.
Sie erreichen schlankgestreckt eine Höhe bis zu 83 Metern,
also etwa 260 Fuß. Schon diese Bäume würden die
meisten Berliner Kirchtürme weit überragen. Einer

dieser Bäume treibt seinen ersten untersten Ast erst in der Höhe von über 60 Metern in die Lüfte, dieser Ast allein hat eine Dicke von zwei Metern. Zwei Arten dieser Bäume kommen hier vor, die Sequoja gigantea und die Sequoja sempervirens. Eine dieser Gruppen in der Nähe von Stofton, östlich des Yosemitethales, erreicht die Höhe von 300 Fuß, ist aber nicht so stark an der Wurzel, wie hier die Gruppe von Wawona. Schon auf der Ausstellung von Chikago war ein Block von sechs Fuß im Quadrat und dabei 75 Fuß lang ausgestellt, der durch die Schönheit der Politur und der Farben große Bewunderung erweckte. Das Holz ist auffallend leicht, die Borke rothbraun, der grüne Nadelholzbesatz pinienartig und der Tannenzapfen sehr klein. Andere Bäume, die auch hier im Bereich wachsen, haben einen Tannenzapfen bis zu einem halben Meter Länge bei Armdicke. Die mühsame Fahrt verstimmt fast, und zuerst fühlt man sich nicht ganz in seinen Erwartungen erfüllt, aber gegen 400 solch kolossaler Bäume treten denn doch in ihrer Wirkung auf den Beschauer und wachsen mit den Gedanken beim Anblick. An 300 solcher Riesen stehen auf einem verhältnismäßig kleinen Terrain. Jeder von ihnen hat die Feuerprobe bestehen müssen, und manche stehen nur auf dünnen Stümpfen, trotzdem grün und lebensfähig. Der Grizzly Giant ist der mächtigste von Allen. Durch den Einschnitt eines anderen fährt der hohe Omnibus mit vier Pferden hindurch. Durch einen ausgehöhlten liegenden Stamm kann ein Reiter durch reiten. Ein anderer liegender Trümmer ist von einer Mächtigkeit, der alle anderen in den Schatten stellen würde. Wie lange es her ist, daß ein Waldbrand diese Riesen geschädigt hat, läßt sich garnicht feststellen, da vor 40 Jahren die ersten Besucher bereits den heutigen Zustand vorfanden. Nach den Jahresringen zu urteilen, giebt man dem Grizzly Giant ein Alter von 4000 Jahren. Es liegt wohl sehr nahe, diese Zeit des Wachstums und der Blüte, die trotz aller zeitlichen Angriffe heute noch frisches Leben zeigt, mit den Kulturen anderer Länder zu vergleichen. Zur Zeit der Findung Mose muß dieser Baum schon grün gewesen sein, und alle Kolossalbauwerke ägyptischer Blüte werden in ihren Riesenzeugen heutigen Tages durch das frische Leben ihres Zeitgenossen, des Grizzly Giant, in den Schatten gestellt. Könnte dieser Baum reden, er müßte uns noch viel von den vulkanischen Neugestaltungen des sogenannten neuen Weltteils zu erzählen haben, denn in seiner Nähe sieht es arg vulkanisch aus und unweit von ihm, im Yellowstone= park, kocht es ja noch heute und ist noch nicht fertig geworden. Die Fahrt, diese Riesenbäume aufzusuchen, ist so unsagbar beschwerlich, daß Der, welcher dies Unter= nehmen in der jetzigen Fassung ausgeführt hat, es wohl nicht wieder vergessen wird. Nachdem aber auch dieses Uebel überwunden ist, bin ich sehr zufrieden, mir dieses Opfer auferlegt zu haben, denn in der ganzen Welt giebt es nicht einen Anblick, der sich diesem gleichstellen kann. Nachwuchs solcher Bäume ist hier nicht vor= handen, und bei den obwaltenden Waldverhältnissen in Amerika ist eine Ausrottung auch dieses Waldes nur eine Zeitfrage. An 150 Jahre alten Prachtbäumen habe ich selbst Straßenarbeiter ihren Kaffee so kochen sehen, daß sie das Blechgefäß zwischen zwei Wurzeln stellen und die Umgebung in Brand stecken, ganz un= bekümmert, was später aus dem Brande wird!

Nun galt es, die 5000 Fuß Hochgebirge in über 80 Kilometern zur Ebene bis zur Eisenbahnstation herabzusteigen. Dies geschah nun mit einem Eifer und vier= bis fünfmaliger Umspannung und stellte sich

den Insassen des Wagens ungefähr so dar, als ob wir
in einer toll gewordenen Kommode 14 Stunden die
Treppe herunter fielen. 32° Reaumur und ein so un=
durchdringlicher brauner Staub, daß man meistenteils
die Vorderpferde nicht sehen konnte. Im ganzen Wagen
war auch kein Glied mehr zu finden, das nicht wie
zehnmal gebrochen braun und blau war. Kein Kleidungs=
stück war mehr ganz, und kleinlaut wären wir der An=
strengung unterlegen, wenn nicht zwei junge Techniker
aus Berlin, Herr Töbelmann und Herr Harnisch, mit
jugendlicher Ueberkraft und echt Berliner Humor uns
so erheitert und erfrischt hätten, daß wir sehr bedauerten,
sie noch am selben Abend nach New = York—Berlin
zurückkehren zu sehen. Endlich, kurz vor der Nacht,
sammelte man unsere geschundenen Glieder aus diesem
infamen Karren, den die konzessionirte Gesellschaft zur
Beförderung der Yosemite=Lustreisenden dem Publikum
zumutet und lud sie in einen Pullmann=Palace=Schlaf=
wagen, wo die Nacht hindurch Stöhnen mit Heiterkeit
abwechselte. Ein Weltreisegefährte, Herr Hauptmann
Büsgen, fand hier seinen früheren Burschen als
amerikanischen Soldaten wieder, und wahrhaft rührend
war die Freude des jungen Mannes, seinen Herrn
wiederzusehen. Die halbe Nacht erzählte er noch
seine Schicksale in den vier Jahren seines Hierseins,
und eine gewandte Feder könnte darüber recht lehrreiche
Warnungen zusammenstellen. „Nach Amerika!“ heißt
es schnell bei jeder Störung im Leben oder im Ueber=
mut. Wenn aber ein solcher Auswanderer eine Ahnung
hätte von der Art und der Schwere der Schinderei,
die ihn hier erwartet, er unterzöge sich in der Heimat
der schwersten und härtesten Arbeit, um einem so
geplagten Dasein aus dem Wege zu gehen.

Freitag, 21. Juli. In den süßesten Träumen

führte uns die Eisenbahn denselben Weg nach San Franzisko zurück, wo wir hergekommen. Wir kamen aus der Schneeregion der Sierra Nevada und hatten sehr von der Hitze gelitten; bei Annäherung von San Franzisko wurden wir durch kalten Wind sehr empfindlich berührt. Es schien zwar die Sonne, aber die Luft war wie an einem schönen Novembertag. Die zurückgelassenen Koffer fanden wir bereits auf dem Zimmer vor. Natürlich war in den Koffern Alles durcheinander geworfen und ein Blechkasten, der am Boden mit Kreuzriemen festgeschnallt war und einige Wertsachen enthielt, in dreizehn verschiedene Stücken auseinandergerissen. Es fehlte nichts darin, und die Erklärung war nur darin zu finden, daß man in Amerika mit Koffern umherwirft, als wollte man Alles darin kurz und klein schlagen. Es gelingt ja auch meistens und ist durchaus nichts gegen diese nationale Eigentümlichkeit zur Abwehr zu thun. Alles wurde nun umgepackt; die Japanschiffe nehmen von hier einen sehr nördlichen Kurs, und der Einfluß des Klimas von Alaska und Korea macht sich durch sehr niedrige Temperatur bemerkbar. Auf drei Wochen Seefahrt mußte man sich immerhin einrichten, und da gab es denn noch Vieles zu besorgen. Wir scheiden gern von Amerika, sind sehr zufrieden, Gelegenheit gehabt zu haben, einen flüchtigen Ueberblick nehmen zu können.

Wir haben viel Neues, viel Fremdes gesehen und Verhältnisse kennen gelernt, die uns in Europa immer wie Gespenster erschienen waren. Manchem sind wir näher getreten und haben es in Dunst verstäuben gesehen, manches Zweckmäßige haben wir sehen dürfen, im Allgemeinen aber wenig gefunden, was sich zur Förderung unserer heimatlichen Verhältnisse eignen dürfte. Mit Bewunderung und Anerkennung haben wir gesehen, welche Hindernisse und Schwierigkeiten hier die Kolonisten überwunden haben und noch überwinden. Uns erlahmten in der Luftfahrt fast die Kräfte, welche Anstrengungen müssen erst die Pioniere der Zivilisation zu erleiden gehabt haben, welche in Kämpfen mit den Indianern der Natur des Landes gegenüberstanden, die heute noch die Arbeit als einen Kampf um die Existenz erscheinen läßt! Im Centralpark in New-York lenkt jetzt schon eine Generation ihren Buggy, die nur Zahlen, aber nicht die Beschwerden kennt, diese Zahlen aufzubauen. Verlacht die Reklame dieser großen und kleinen Barnums, hütet Euch aber vor der Energie dieser rücksichtslosen Rasse, die auf der Jagd nach ihrem eigenen Vorteil ist!

Es giebt hier Naturschönheiten von überwältigender Großheit, die in ihrer Eigenart nicht recht den Vergleich mit etwas Anderem aushalten. Die Amerikaner thun sehr recht daran, daß sie jede freie Zeit benutzen, um Paris, die Schweiz und Deutschland zu sehen, sie selbst aber haben New-York, den Hudson, den Niagara, die Geiser, die Big Trees und so kolossale Dimensionen, daß ihr Denken, Wünschen und Hoffen sich schon naturgemäß über den Atlantischen Ozean erstreckt. Wir werden uns daher daran gewöhnen müssen, selbst damit zu rechnen.

Leb' wohl, Du neue Welt — für uns giebt's wohl kein Wiedersehen!